中国石窟艺术

GROTTO ART OF CHINA

炳靈寺

甘肃炳灵寺文物保护研究所 编

江苏凤凰美术出版社

隆重纪念炳灵寺石窟列入世界文化遗产 丝绸之路：长安—天山廊道的路网

中国石窟艺术
GROTTO ART OF CHINA

炳灵寺
BingLing Cave-Temple

主　　编　石劲松

执行主编　赵声良

撰　　文　王玲秀　赵雪芬

编　　委　石劲松　周海歌
赵声良　贺延军
毛晓剑

图版说明　赵雪芬　李芬玉

摄　　影　花平宁　孙洪才
贾　玥　刘亨发
赵声良

英文翻译　武琼芳

封面题字　赵声良

目　录

主编介绍

石劲松，男，汉族，河南省上蔡县人。1967年8月出生，1986年6月考入空军飞行学院，学习飞行及飞行管制专业。1991年7月分配至航空兵第六师任参谋、指导员、干事等职。2000年10月转业至甘肃省文物局工作。2004年9月至今任甘肃炳灵寺文物保护研究所所长。主持出版了《炳灵寺石窟内容总录》《炳灵寺石窟佛教艺术》《永靖炳灵寺石窟研究文集》《炳灵寺171龛大佛保护工程报告》等书。

前 言

石劲松

炳灵寺石窟位于甘肃省永靖县西南52公里处的黄河北岸的小积石山中。这里三面环山，一面朝水，风景优美，自古以来就是隐居、修行的理想场所。著名高僧法显、昙摩毗都曾在炳灵寺留下供养像，唐代诗人张鷟还在他的传奇小说《游仙窟》中详细描绘了炳灵寺一带的风光。十六国时期，鲜卑乞伏氏在枹罕（今甘肃临夏）建立西秦政权，并大力发展佛教，炳灵寺也在这一时期开始营建石窟，第169窟保存了西秦建弘元年（420年）的珍贵题记，是国内石窟中最早的纪年题记，其后历经北魏、北周、隋、唐、西夏、元、明，各代都有营造和重修。至今保存窟龛216个、造像815尊、壁画900平方米、石刻题记62处、浮雕佛塔56座、馆藏文物354件。其中西秦、北魏时期的石窟彩塑与壁画，对于认识和研究中国早期佛教艺术发展演变的历史具有极其重要的价值。隋唐精美的雕塑、壁画展示了中国佛教艺术盛期的风格，明代以来的壁画具有浓厚的藏传佛教色彩，同样是不可多得的古代艺术。1961年，炳灵寺石窟被国务院公布为第一批全国重点文物保护单位。2014年6月22日，在卡塔尔多哈召开的第38届世界遗产大会上，包括炳灵寺石窟在内的全国22个遗产点，同时列入“丝绸之路：长安—天山廊道的路网”世界文化遗产名录。

半个多世纪以来，炳灵寺石窟深受学术界的广泛关注，中外学者先后从考古学、历史学、佛学、艺术史等角度对炳灵寺进行了长期的研究。1955年成立炳灵寺文物保管所以后，炳灵寺得到了有效的保护，并先后进行了多次保护加固工程，修通了栈道，建起了防护堤，对部分佛像进行了修复，同时还先后在窟区建立了安防工程和环境监测系统。

炳灵寺文研所的工作人员也在研究条件十分艰苦的情况下，对石窟进行了长期的调查研究，完成了《炳灵寺石窟内容总录》，同时还与一些大学和研究机构合作完成了《炳灵寺石窟艺术》等著作。2006年，为纪念炳灵寺文物保护研究所成立50周年，召开了学术研讨会， 邀请学术界著名专家学者出席了学术会，会后出版了论文集《永靖炳灵寺石窟研究文集》。此外，还先后出版发行了多部研究论文集、宣传册、光盘等，以及单纯针对炳灵寺上寺、石窟壁画、石窟雕塑、石窟总述类型的画册等，宣传弘扬炳灵寺艺术。

为进一步介绍炳灵寺石窟艺术，促进保护和研究事业，我们在申报“世界文化遗产”工作成果的基础上编辑了本书，试图全面展示炳灵寺的雕塑、壁画、佛塔、碑刻题记、馆藏文物等方面内容。为了保证学术质量，我们特邀请敦煌研究院研究员赵声良先生为执行主编，赵先生提出编辑方案及编写体例，又对全书的文稿及图片说明进行修正和统稿。由于编者水平所限，错误难免，敬请方家指正！

2014年8月24日

丝绸之路与炳灵寺石窟

赵雪芬

公元前6世纪，佛教在古印度恒河流域创立。公元前3世纪，孔雀王朝阿育王时期，佛教向周边国家传播，向北传入大夏（阿富汗）、安息（伊朗）及大月氏（阿姆河流域），越葱岭（帕米尔高原）传入中国新疆地区，继而进入内地。在佛教传入中国的过程中，汉代对西域交通的开辟起到了促进作用。

公元前2世纪，张骞及其使团两次出使西域，到达大宛（锡尔河上游）、康居（锡尔河下游）、大月氏（阿富汗境内）、大夏、安息等国，开辟了西域交通通道。中原去西域的“使者相望于道”，中亚、西亚的使节、商贾东来汉地回访和通商，“商胡贩客，日款于塞下”。中原与中亚、西亚各国间经济文化交流日益频繁，为了适应中西交通往来和经济文化发展的需要，西汉政府在西部边陲设立亭障，便利各国使者和商旅往来。当时，长安是全国丝织业的中心之一，设有东西织室，丝织业发达，种类繁多，有绢、绮、锦、刺绣等，这些绚丽多彩的高级丝织物经西域，越葱岭，远达地中海沿岸的大秦（罗马）地区，深受西方人的喜爱。同时，中原先进的生产技术也随之传入西域各地。中亚、西亚的一些动植物物种也传入中原，随之而来的还有西域的音乐、舞蹈和印度的佛教文化。随着中西各民族交往的繁荣，在亚欧大陆之间形成了一条以丝绸为大宗贸易的商贸、文化交流的交通大动脉。

1877年，德国地理学家李希霍芬(F.Von.Richthofen)将这条地跨欧亚的商贸、宗教、文化交流线路命名为“丝绸之路”。它以中国长安/洛阳为起点，经中原地区、河西走廊、天山南北、中亚、西亚，向西到达地中海地区，向南延伸至南亚次大陆，分布于横跨欧亚大陆东西长约10000公里、南北宽约3000公里的地区内，是人类历史上交流内容最丰富、交通规模最大的洲际文化线路。

丝绸之路的开辟为佛教东传提供了便利的交通条件。2世纪，西域安息人安世高和大月氏人支娄迦谶来汉地翻译佛经，标志着佛教沿丝绸之路逐渐传入中国。随着佛教的发展，丝路沿线不断兴建寺院和石窟，建于城市的寺院，随着时代变迁，大多毁坏，而远离城市的石窟却得以保存，如天山廊道的龟兹石窟群、吐鲁番石窟群，河西走廊的敦煌石窟及文殊山、马蹄寺、天梯山诸石窟，河西走廊东端的炳灵寺石窟，甘肃东部的麦积山石窟，中原地区的龙门石窟、巩县石窟等等。丝绸之路像一条纽带把这些石窟贯穿其中，形成了一条佛教石窟链，反映了佛教艺术的传承与交流，展现出了丝绸之路宗教传播的脉络和地域文化风貌。

炳灵寺石窟位于甘肃省永靖县西南约52公里处的小积石山中，这里是中原、河西走廊、青藏高原交界地带，自古以来，这里是羌、氐、鲜卑、匈奴、吐谷浑、吐蕃、党项等多民族活动的历史大舞台。自汉代以来，这里是丝绸之路从中原进入河西走廊的必经之地，又是各民族政权争夺的军事要地。唐蕃古道、羌中道等多条支道交织在这里，大夏河、洮河等水系从其附近汇入黄河，便捷的交通为丝绸之路宗教在炳灵寺的传播提供了有利条件。

小积石山地质为白垩纪红砂岩，裸露在外的岩体在风蚀、水蚀作用下，形成了层峦叠嶂、壮观秀美的丹霞地貌。大寺沟是小积石山主河道之一，沟两侧危峰对峙，黄河从前面流过，两山一河把这里围成了一个幽僻、独立的空间，这种环境符合佛教早期“山岩空谷间，坐禅而念定” 的选址特征。《水经注·河水》：“岩堂之内，每时见神人往还矣。盖鸿衣羽裳之士，练精饵食之夫耳。俗人不悟其仙者，乃谓之神鬼。彼羌目鬼曰唐述，复因名之为唐述山，指其堂密之居，谓之唐述窟。其怀道宗玄之士，皮冠净发之徒，亦往栖托焉。”[1]唐释道世在《法苑珠林》中记载：“今有僧住。有石门滨于河上，镌石文曰‘晋泰始年之所立也’。”[2]唐述山即小积石山，唐述窟即今炳灵寺，早在西晋，炳灵寺已经是宗教活动的场所。

晋初，北方少数民族大批南迁，鲜卑人自漠北南出太阴山，迁至陇西的一支势力日益壮大，地盘扩大到今甘肃南部，史称“陇西鲜卑”。公元385年，鲜卑乞伏氏首领乞伏国仁自称大单于，建立西秦政权，世居苑川（今甘肃榆中）。国仁笃信佛教，请高僧圣坚来西秦翻译佛经，弘扬佛法。圣坚在西秦“即播释风，仍令翻译，相承四主，四十四年”[3]。他主持翻译了《罗摩伽经》《摩诃刹头经》《妇人遇辜经》《无崖际总持法门经》《演道俗业经》等14部佛教经典，这些佛经的译出为佛教在西秦的发展奠定了基础，同时，在圣坚译经的过程中也培养了一批僧人。乞伏乾归继位后，称河南（西秦）王，迁都金城（今甘肃兰州）。乾归东征西讨，势力日益壮大，至乞伏炽磐时，国力达到鼎盛，其疆域“西逾浩门（青海乐都），东抵陇坻（陇山），北距河，南略吐谷浑”， 这个位置，正好占据了当时丝绸之路交通的要点，利于佛教在西秦的传播。十六国时期，中国北方禅学极为盛行，西秦国也不例外。公元412年，乞伏炽磐迁都枹罕，炽磐崇佛有加，请各方高僧入其境内讲经说法、翻译佛经，都城枹罕设有译经院。

佛教早期禅修注重选址，炳灵寺深居小积石山，静谧清幽，距离西秦政治中心枹罕约60公里，又处在丝绸之路要道上，黄河古渡口就在其附近，优美的环境、便捷的交通是僧侣在西秦境内“凿仙窟以居禅，辟重阶以通术”的理想之地。在乞伏氏统治者的大力支持下，佛教在炳灵寺初兴，择仙窟造像，依禅观念佛，活动场所以天然洞穴为主，第169窟就是这一时期兴建起来的。

乞伏炽磐请印度禅师昙摩毗“来入其国，领徒立众，训以禅道”。秦地高僧玄高，早年师从关中浮驮跋陀禅师，妙通禅法后，“杖策西秦，隐居麦积山，山学百余人，崇其义训，禀其禅道。”玄高得知昙摩毗在西秦传授禅道，便“以己率众，即从毗受法”。玄高被河南国（西秦）二高僧谗构，遂离开。长安法师昙弘来西秦为玄高申其清白，“河南王借其高明，遣使迎接。”在昙弘的劝说下，西秦王接玄高回国，“王及臣民，近道候迎，内外敬奉，崇为国师。”[4]玄高来西秦之前，西秦的禅学已经很盛，各方名僧闻风而来，陇西高僧玄绍后入“堂（唐）述山禅脱而逝”。中西禅道在此相互碰撞、交流、发展，佛教信仰远远超过周边其他政权。

魏晋南北朝时期，东来西往的商贾、僧侣多走“河南国”道，即丝绸之路南道。为了交通方便，西秦在炳灵寺大寺沟口西300米处修建河桥。公元399年，东晋名僧法显与同学慧景、道整、慧应、慧嵬等 “发迹长安，度陇，至乾归国夏坐。夏坐讫，前行至耨檀国”[5]。公元420

[1] 北魏郦道元《水经注》卷二《河水》。
[2] 唐释道世《法苑珠林》卷三十九《伽蓝篇》
[3] 隋费长房《历代三宝记》卷九。
[4] 梁释慧皎《高僧传》，中华书局，1992年，第410页。
[5] 梁释慧皎《高僧传》，中华书局，1992年，第87页。

年，昙无竭招集“同志沙门僧猛、昙朗之徒二十五人，发迹北土，远适西方，初至河南国，仍出西海郡”[6]。炳灵寺壁画中保存的乞伏氏、南安博士、昙摩毗、法显、道融等画像，是他们在炳灵寺石窟活动的最好见证。这些中外名僧或来西秦传经布道，或路经西秦国，他们是佛教传播的使者，他们在西秦国的活动，促进了佛教在炳灵寺及周边地区的传播和发展，增进了中西佛教艺术交流。外来的佛教艺术及随后出现在其他石窟的佛教题材，都与他们的活动密切相关。

公元439年，鲜卑拓跋焘统一北方，民族融合，经济复苏。魏王朝对外实行开放和怀柔政策，东来西去的使者“不间于岁”，中西政治、经济、文化交流频繁。北魏统治者大力提倡佛教，寺院遍布全国，翻译佛经660多部，佛教蓬勃发展。魏中后期佛教在炳灵寺勃兴，原有的天然洞穴已不能满足需要，这时出现了有规划地开凿的石窟，佛教活动遗迹遍布大寺沟、黄河岸边，范围最为广阔。而且，受中原佛教艺术新风的影响，出现了“秀骨清像”的造像风格。西魏、北周、隋代均在炳灵寺持续开窟造像。

唐朝国力强盛，经济文化繁荣，外交活跃，与周边国家交往频繁。唐蕃联姻后，关系更加密切，两地使者往来络绎不绝，在政治中心长安与逻些（拉萨）之间形成了一条“唐蕃古道”。唐蕃古道起始段与丝绸之路重合，经炳灵寺后分道向西南、西北方向延伸。炳灵寺东南约5里处的凤林关是丝绸之路上的重要渡口，它前控黄河，后依悬崖，位置险要，又是唐、宋镇守河陇地区的边防要塞。唐道世《法苑珠林》说：“河州唐述谷寺者，在今河州西北五十里，度凤林津，登长夷岭，南望名积石山。”[7]唐代的凤林关异常繁忙，贞观八年（634年）至会昌六年（846年），唐蕃使臣往来达190余次，出现了“岁时往复，信使相望”的繁荣景象。佛教在炳灵寺的兴衰与丝绸之路、唐蕃古道交通紧密相关，便利的交通，加速了佛教在炳灵寺的发展。陇右及周边地区的巡察使、监察史、随军判官等地方官员也随时来炳灵寺礼佛造像，第49～58龛就是永隆年间地方官员出资开凿的。公元713～741年，薄承祧任陇右群牧使（监管陇右等地牧场），在他兼任凉州观察使期间来炳灵寺主持修建弥勒大佛，即今第171龛大佛，“寺有大阁，附山七重，中有像，刻山石为之，百余尺。”[8]炳灵寺现存唐代窟龛138个，占炳灵寺窟龛总数的2/3以上，开窟造像的规模和水平都达到了鼎盛，表明佛教在炳灵寺空前繁荣。唐蕃虽然联姻，但边界冲突仍然不断，每到秋天收获季节，吐蕃人越境抢粮，防秋健儿驻扎防守，石窟中的“防秋健儿”题记，就是他们驻守在这里时留下的。公元678年，“吐蕃入龙支，张虔勖与吐蕃战……九月，洮河道行军大总管中书令李敬玄、左卫大将军刘审礼等与吐蕃战于青海之上。”[9]刑部侍郎张楚金，随李敬玄大军进入青海，他将这一重大历史事件镌刻在了炳灵寺崖壁上。公元731年，御史大夫崔琳率领72人的使团出使吐蕃，路经炳灵寺时，在炳灵寺停留，由副使缮部郎中魏季随撰《灵岩寺记》，安乡县令王警献镌石于壁上。这些石刻题记不仅记录了唐代官员参与营建石窟的事实，还反映了当时丝绸之路的交通情况。至唐末，炳灵寺石窟修建已初具规模。公元763年，这里被吐蕃占领，凤林关一度萧条，炳灵寺的佛教也日渐衰落。唐张籍的“凤林关里水东流，白草黄榆六十秋”和高骈的“为问昔时青海畔，

[6] 梁释慧皎《高僧传》，中华书局，1992年，第93页。
[7] 唐释道世《法苑珠林》卷三十九《伽蓝篇》。
[8] 元陶宗仪《说郛》卷三十五《青唐录》，涵芬楼排印本。
[9] 《旧唐书》卷五《高宗纪》。

几人归到凤林桥”就是当时凄凉景象的真实写照。

宋代，丝绸之路日渐萧条，宋与西夏、唃厮啰长期混战，陇右一带成了各政权争夺的军事战场，炳灵寺石窟硝烟弥漫，匠师回家，僧人远逃，炳灵寺佛事活动时断时续。

元明时期，藏传佛教传入炳灵寺，在这里进行了一系列佛教活动，如修建寺院、改造前代窟龛等，还确立了活佛转世系统，逐渐把炳灵寺改造成了藏传佛教寺院。炳灵寺是藏语“仙巴本朗”的音译，即十万弥勒洲之意。同治年间，民族矛盾激烈，炳灵寺楼阁栈道、经堂大殿毁于战火，从此，炳灵寺石窟日渐冷落、萧条。

4世纪末，佛教在炳灵寺传播、交流、发展，其兴衰与丝绸之路交通密切相关，经历了1600余年的不断发展，成为一处具有汉藏风格的石窟群。炳灵寺石窟早期受印度犍陀罗、秣菟罗及凉州造像影响，中期受云冈、龙门和长安地区造像影响，晚期受藏传佛教影响。炳灵寺石窟处在东西南北陆路、水路交通要冲附近的位置，因此，佛教艺术受到同时代西方、南方和中原的多重影响，呈现出多元化的面貌特征。石窟分布在下寺、洞沟、上寺三个区域，现存窟龛216个，造像815尊，壁画900平方米，石刻题记62处，各类佛塔56座，藏品354件。窟龛集中分布在下寺区长350米、高60米大寺沟西侧的崖面上。

1951年秋，著名学者冯国瑞先生对炳灵寺石窟作了初步考察，发表了《炳灵寺石窟勘察记》，引起社会广泛关注。1952年，中央文化部和西北文化部组织有关专家，组成了炳灵寺石窟勘查团，对石窟进行了全面、深入的勘察，对能够登临的洞窟进行了摄影、临摹、测绘、内容调查、石窟编号等。1955年5月，永靖炳灵寺文物保管所成立，开始对石窟实施有计划的保护管理工作。1963年甘肃省文化局组织了炳灵寺石窟调查组，对炳灵寺石窟进行第二次调查。这次调查分窟龛编号、摄影、墨拓、文字记录及重点洞窟的测绘等，除172窟未能登临外，其余窟龛全部到达，并作了详细的记录。炳灵寺石窟的研究随之展开，通过学术交流、与国内外知名专家合作等形式，深入研究。1967年，在刘家峡水库蓄水之际，甘肃省文化局组织专家对第16窟、90窟、133窟进行搬迁保护。同时，在石窟区修筑了长220米，高16米的防护堤坝，阻挡了河水侵害石窟。1973年，修通了通往石窟的栈道，安装窟龛门窗。1997年，炳灵寺石窟岩体加固与渗水治理工程展开，甘肃省测绘局对崖面作了整体测绘，部分窟龛作了补充测绘，使崖面原有的风貌得以记录和保存。1997年~2006年，炳灵寺文物保护研究所在以前工作的基础上，对未编号的窟龛进行补编，对所有的窟龛作了详细的文字记录，使炳灵寺已知的窟龛都有了编号。2000年，永靖炳灵寺文物保管所升格为甘肃炳灵寺文物保护研究所，同年，将第16窟涅槃像搬迁至新建的卧佛殿内，2002年修复完工并对外开放。2006年，基础设施工程竣工，安防系统投入使用。2008年炳灵寺陈列馆布展，并对外开放。2011年6月，大佛的修复保护工程展开，2013年，竣工验收。2013年10月，炳灵寺石窟档案建设完成。同年，监测系统投入使用，有效预防和避免了外界因素的影响。每年还对石窟进行日常维修保护，缓解了造像酥碱、风化等病害现象，保障了石窟安全。

在炳灵寺几代文物工作者和社会各界相关人士的共同努力下，除了对石窟本体进行有效的保护、管理，还对石窟内容和艺术价值进行了深入研究，每年在国家级和省级核心期刊上发表学术论文，已出版专著15部，挖掘了炳灵寺石窟的价值特征、承载的历史信息及在古丝绸之路宗教传播、文化交流中的作用，提升了炳灵寺石窟的社会地位和知名度。

2014年6月22日，炳灵寺石窟被列入“丝绸之路：长安—天山廊道的路网”世界文化遗产名录，我们将遵照世界遗产公约，精心保护人类精神家园。

1. 大寺沟口（20世纪60年代）

Da Sigou (1960s)

照片摄于20世纪60年代。正如《水经注·河水》所记载：“参差夹岸连壤，负险相望。河北有层山，山甚灵秀。山峰之上立石数百丈，亭亭桀竖，竞势争高，远望参参，若攒图之托霄上。其下层岩峭壁，举岸无阶，悬岩之中，多石室焉。而世士罕有津逮者，因谓之积书岩。”

4. 炳灵石林雨霁

Bingling Stone Forest after Rain

雷雨之后，夕阳西下，彩虹当空，蔚为壮观。

5. 大寺沟外景

The View of Da Sigou

从黄河一侧看大寺沟，崖壁上的石窟隐隐可见，宛若仙境。

6. 大寺沟（20世纪60年代）

Da Sigou (1960s)

这是大寺沟河道通往黄河的入水口，石窟即开凿在右侧崖壁上，远处双峰并峙，称为姊妹峰。

7. 炳灵寺石窟外景（20世纪60年代）

Exterior View of Bingling Cave-temple (1960s)

下寺是僧侣最早在炳灵寺从事佛教活动的区域，石窟始凿于公元4世纪，至19世纪持续营建，现有窟龛179个，是炳灵寺窟龛集中区。

8. 丰水期的大寺沟

Da Sigou during Wet Season

1967年，刘家峡水库蓄水之际，在石窟前修建了防护堤坝。2005年，为了缓解交通压力，在大寺沟东西两侧的崖面上修筑了环形道路。每逢3月，黄河水开始进入沟内，5月退出，红砂岩遇水极易风化，因此，水库是炳灵寺石窟保护的最大隐患。

9. 石窟群栈道

Trestle between Caves

古人开窟造像先建栈道，原栈道已毁，1973年架通了通往每个洞窟的栈道，30年后渐坏。图中的栈道是2002年修建而成的。

10. 大佛山远眺

Distant View of Dafo Mountain

炳灵寺石窟集中开凿在大寺沟口的大佛山崖面上。大佛山呈东北一西南走向，山体顶部凸出，岩洞天成，对面山体坡度平缓。这种地貌既阻挡了西北风进入，又遮避了雨水浸湿，还有利于大佛山向阳采光，独特的环境符合佛教早期“山岩空谷间，坐禅而念定”的选址条件。

124

13. 工作人员渡黄河

Staffs Cross the Yellow River

羊皮筏子是当地人们渡河的主要工具，图中是1963年炳灵寺调查组成员乘羊皮筏渡黄河的场景。

炳灵寺石窟艺术

王玲秀

一、炳灵寺石窟的雕塑

在1000余年的历史变迁中，炳灵寺石窟植根于陇中地区的文化土壤，不断沐浴丝绸之路、唐蕃古道上西来东往、南传北去的佛教思潮，形成了既有时代烙印，又独具地方特色，富有艺术感染力的雕塑艺术，为我们留下了800多尊形态各异、个性鲜明的佛教雕像，形成炳灵寺艺术的主体。

十六国时期，北方的佛教注重禅学。炳灵寺西秦时期的洞窟，适应当时禅修的需要，利用天然岩洞作为理想的修禅场所，在洞内以木胎泥塑、石胎泥塑的形式塑造佛像，以供禅僧及信众们观修礼拜。在表现手法上，这一时期的佛像较多地体现了古印度犍陀罗、秣菟罗造像风格的影响。窟中第6龛的无量寿佛、第23龛的五佛面形方圆，细眉大眼，鼻梁高直，薄唇髭须，躯体健硕，身着左旋式阴刻线条的偏袒右肩或通肩袈裟，厚重的衣质、刚毅的神情、雄健的体魄，以及无量寿佛从右肩上覆搭而下缠裹右肘的袈裟处理方式等，都明显体现出犍陀罗造像的特点。此外，第20龛的释迦牟尼骨瘦如柴的苦修像，第16龛表现半跏坐的思惟菩萨像等等，其造像风格和表现手法都是犍陀罗佛教艺术中较常见的样式。第7龛的立佛像，穿着轻薄透体的通肩袈裟，细密的衣纹呈“U”字形从胸前向下有规律地排列，薄衣下显示出饱满挺拔的身躯，袈裟上具有装饰效果的衣纹，明显地反映了秣菟罗造像的特色。同窟中的菩萨端庄朴实，温婉娴静，多为束发，双耳下的圆形长耳铛，也与早期印度菩萨造像一致。不论是佛像还是菩萨像，从造像风格和雕塑技法上体现出较多的外来特征，反映了佛教初传中国时的特点。

北魏孝文帝推行汉化改制并迁都洛阳，加速了佛教艺术中原化、本土化的进程。炳灵寺石窟在宣武帝时期，再掀开窟高潮，雕塑壁画的主题反映出以释迦、多宝并坐为主的法华三昧禅观和三世佛观。表现大乘涅槃思想的释迦涅槃像，也成为这时炳灵寺石窟造像的重要题材。此时的造像均为依山石雕，受南朝玄学思想和中原风格的影响，佛像眼睑低垂，五官小巧，清矍消瘦，含蓄内敛；佛穿着双领下垂式宽大的汉式袍服，袈裟下摆层叠有致；菩萨戴花冠，披巾交叉于腹际。雕像形销骨立的外形和宽广博大的衣着，正体现出北魏后期受汉文化影响而形成的“秀骨清像、褒衣博带”风格，即“中原风格”。第125龛内的一组释迦多宝佛，长眉细眼，高鼻薄唇，面容清秀，双目微微下视，嘴角略含笑意，似在轻声细语，宛若南朝竹林内清谈玄学的文人雅士，人物造型概括简练，神情刻画入微，堪称是这一时期的精品。

炳灵寺北周时期的雕塑，出现了两种不同的造型。第6窟中的主尊佛，肉髻低平，面形丰圆，五官小巧集中，颈部短粗，双肩敦厚浑圆，身着衣褶稠密轻薄的通肩袈裟，结跏趺坐。而第172窟5尊立佛，面形修长而圆润，眉目秀丽，衣纹简洁，衣质厚重。这两种迥异的造型，可能源自不同艺术风格的影响，展现了各种艺术流派在炳灵寺的交融和发展。

隋朝大一统的政治局面，使南北朝以来各地区的佛教艺术进一步融合，形成新的时代风格。炳灵寺这一时期的造像均为木胎泥塑，佛低平螺髻，面形丰满中略见清秀，神情宁静，身着以僧扣相连缀的偏袒右肩汉式袈裟；菩萨体态纤秀，衣裙的样式富于变化，衣褶的处理真实自然，趋于写实，塑造技法更加成熟简练。

唐朝以包容开放的胸襟，使丝绸之路的交流更加繁荣，唐蕃古道也在这一时期得以开通并繁荣发展。魏晋以来不断本土化的中国佛教，在唐王朝全面兴盛的文化背景下，又接受了印度笈多艺术、西域佛教艺术，在长安形成新的时代风格，迅速影响到全国石窟。

位于东西文化交汇处的炳灵寺石窟，此时在广泛吸收丝绸之路上各种艺术类型过程中，以自己独特的视角，创作出了大量独具魅力的石雕作品。这个时期，以释迦、弥陀、药师、弥勒等佛为主尊，两侧胁侍菩萨、弟子或天王的净土题材成为炳灵寺石窟造像的主题。体量最大的佛像高达27米，最小的不过数10厘米，均为磨光高肉髻，面相丰圆，颈刻三道纹，慈容安详，衣纹以阳刻表现。菩萨蛾眉凤眼，云鬓高耸，体态饱满圆润。着装上则与长安造像装饰华美的特点迥异，仅戴项圈、臂钏，袒上身，或着天衣，展露尺度更大的笈多式 “S”形腰肢，下着“曹衣出水”式轻薄贴体的长裙，或坐或立，姿态万千，衣饰简练，精巧生动，成为中国石窟中独具魅力的艺术造型。一老一少的胁侍弟子，开始大量出现于佛的两侧，年长的迦叶高鼻深目，瘦骨嶙峋，老成持重；少年阿难则清秀俊朗，灵动聪慧，憨态可掬。窟两侧的天王，或脚踩夜叉、山岳，或持剑、托塔，威武勇猛，夸张有力。对不同人物面颊、五官、神态、身姿等细节的成功刻画，表达了唐代艺术家“以形写神”的审美情趣，反映出佛教艺术进一步世俗化的发展趋势。

炳灵寺五代、北宋时期遗存较少，西夏留存的泥塑佛，眉眼细长，眼睑略微下视，神情静穆沉思，阔肩细腰，躯体修长，与之前的造像迥然不同。

元代以来藏传佛教盛传于炳灵寺，代表性的雕塑有第70窟的一尊木胎泥塑八臂十一面观音，第188龛一石雕噶举派祖师米拉日巴造像等。

二、炳灵寺石窟的壁画

炳灵寺石窟现存壁画900平方米，其中北魏、北周、唐代不少窟龛中的壁画为明清时代重绘。

西秦壁画不仅是炳灵寺石窟，也是中国佛教艺术中最重要的资料。西秦时代的壁画主要集中在第169窟，以表现大乘佛教内容为主，主要有佛像画（包括千佛图、说法图）、经变画（如西方净土变、维摩诘经变）、供养人画像等。第12龛内的一身交脚弥勒菩萨像，头顶戴花冠，双手于胸前结转法轮印，袒上身，下着裙，交脚而坐，其造型与3世纪的犍陀罗交脚菩萨如出一辙。第6龛内无量寿佛背光上的一组伎乐，手持箜篌、阮咸、排箫、腰鼓、长笛等乐器，吹弹击扣，身姿灵动，具有龟兹乐舞的特征，是研究西秦乐舞艺术及中西乐舞交流弥足珍贵的图像史料。此外，第11龛下方所绘的维摩诘半卧于床榻上，显出一副羸弱的病容，正与画史记载东晋顾恺之画维摩诘像有“清羸示病之容，隐机忘言之状”相印证，是我国石窟中现存最早的维摩像。其下方的释迦、多宝佛也是我国现存较早的法华题材绘画。大量的供养人榜题，同时还可以看到一些著名高僧名字，反映了西秦社会历史的方方面面。佛背光中的乐伎演奏着不同的乐器，从一个侧面反映了丝绸之路的音乐文化。

壁画的技法采用中原传统的线描法与西域晕染技法相结合的方式，敷色方面传承了凉州地区以石绿、土红为主的形式。如第12龛内的一铺说法图，在以墨线勾勒轮廓线条的基础上，仅在佛、菩萨的双眉、鼻梁、颈部施以白色的晕染，不同于西域式大面积晕染，体现了中西绘画技法初步结合的面貌特征。绘画风格既有与河西魏晋画像砖风格相近、古拙粗犷的人物造型，也可见裙裾曳地、钗环飞舞的南朝贵妇供养人形象。同时通过佛背光上的联珠纹图案，弥勒等菩萨的身姿、冠饰、持物、帛带，及身体呈“U”字形飞舞的飞天造型等，展现出印度犍陀罗、西域龟兹等艺术风格，呈现了多民族、多种文化交汇融合的特征。

北魏第192窟的壁画中，以典雅清丽的石青、石绿为基调，采用劲健连绵的墨线，勾勒出清秀纤瘦、衣着广博、超凡脱俗的艺术造型，传达了南朝文士们洒脱飘逸的精神境界，可以看出中国传统的绘画风格开始在壁画中占主导地位。

北周仅存的一铺千佛图，以身着石青、石绿、赭红三色不同袈裟的禅定佛通壁构成。佛与佛之间，横向以树相隔，纵向以莲座相隔。不同的颜色有序规律排列，创造出“光光相接”的律动效果。

隋代第8窟整窟主题为维摩诘经变。窟顶藻井为巨大的华盖，其中的飞天翩然舞动。东壁窟门两侧分别描绘维摩诘与文殊激昂雄辩。南、西、北壁分别表现众弟子与菩萨熙熙攘攘相拥而行，男女供养人依次低首恭敬绕行。画面通过对不同人物姿态、神情的细节描绘，惟妙惟肖地展现了众人在法会上起伏微妙的心理特征。

隋炀帝平定吐谷浑，西巡张掖，给丝绸之路上的中西交流打了一剂强心针。一时，窄袖长袍、幞头、乌靴的胡服，成为长安大街上流行的男装。这一时尚元素在炳灵寺第8窟壁画中也体现了出来，本窟的男供养人均着胡装，精神抖擞；菩萨戴宝冠，缯带长垂；弟子头裹巾，衣领处点缀着波斯风格的联珠纹，处处展现着浓郁的异域风情。

炳灵寺唐代大中型的洞窟壁画，均经后来的藏密内容重绘。在一些小巧玲珑的佛龛中，还遗留着许多色泽艳丽、构图华美、变化巧妙的装饰画，可窥见大唐富丽堂皇的时代精神。此时的飞天形象，身姿灵动，自由活泼，飘带翻转飞扬处给人以满壁风动之感，尽显中原画圣“吴带当风”的艺术风范，与西秦古拙质朴的造型形成鲜明的对比。

元朝至明朝，在皇室的推崇支持下，藏传佛教兴盛。炳灵寺明中晚期的大量重绘壁画，以藏传佛教为主要内容。壁画主题有诸佛、菩萨、佛母、弟子、罗汉、双身像、护法、财神、祖师，以及坛城、佛传故事、僧团生活等。技法上运用细密圆润铁线描，配合对比强烈的色彩，描绘出一幅幅或宁静安详、或幻化诡秘、或夸张怪异的图像，展现了汉藏交接地带丰富多彩的艺术类型。同时，在一些洞窟不显要的位置，还出现了中国民间、道教中的神祇，某种程度上反映了儒释道三教融汇合流的信仰形式。

三、炳灵寺石窟的碑刻与题记

在炳灵寺石窟历代的营建扩展中，还留下了大量的碑刻题记。这些文字记录，从西秦至清末民国时期，前后跨越1000余年的历史，有汉文、藏文、西夏文、回鹘文等多个语种，墨书、石刻和纸质文书等多种形式。内容上，分造像发愿文题记、榜题和供养题记、游记叙事类题记、重修重建时的记载题记、写经文书等，以更加直接准确的方式，反映了炳灵寺石窟在特定历史阶段下的政治、宗教、中外交流、民族关系、石窟发展情况，为石窟考古研究提供了珍贵翔实的资料。

造像发愿文题记一般位于窟内或窟门外显要的位置，记录窟龛开凿以及造像或壁画创作的功德主身份、姓名、大致背景、具体时间及其所寄托的宗教愿望等内容。这类题记所包含的信息，是研究窟内佛教艺术的一把钥匙，具有举足轻重的意义。建弘题记、曹子元题记、永隆列龛题记等，均是炳灵寺石窟中这类题记的典型代表。

第169窟6龛西秦建弘元年（420年）的造像发愿文墨书题记，反映了当时西秦王室贵胄及中外名僧参与开窟造像的佛事盛况，是全国石窟中有明确纪年的最早造像题记，成为我国早期石窟断代的标尺，具有划时代的意义。

北魏延昌二年（513年）的曹子元摩崖刻文题记，表明北魏后期，在孝文帝、宣武帝的先后推崇下，达官显贵亦热衷于开窟造像，举国兴佛。唐永隆二年（681年）列龛下方的摩崖刻文题记，分别记录了出资雕凿各龛造像的功德主官衔、姓名、时间、造像名称及开龛心愿，为研究唐代佛教信仰、像式、官制等提供了弥足珍贵的考古资料。

榜题和供佛题记，多墨书于窟龛中单尊造像和画像的旁边，标明佛、菩萨的名号，或出资功德主的姓名、身份等，是辨识和确定图像最确凿的依据。如第169窟中西方三圣造像、华严十方佛、众菩萨及众多禅僧、世俗供养人画像的旁边均标有榜题。供养人名号前清楚地标明了其“禅师”、“比丘”、“博士”、“侍生”等身份。第134窟正壁坛基下绘19身供养比丘，均榜题为“邑子比丘×××供养佛时”。北朝时佛教信徒常结“邑社”来共行佛事或修学，邑社成员自称“邑子”。这些榜题也可称“供佛题记”，同发愿文题记一样，具有重要的参考价值。

游记叙事类题记中既有鸿篇巨制的官方题记，也有很多民间信众、游人往来拜佛时留下的随笔题字。唐代刑部侍郎张楚金及御史大夫崔琳二人，分别于仪凤三年（678年）和开元十九年（731年），先后率和蕃使团途经炳灵寺时撰文所刻的的摩崖碑记，描述了炳灵寺的自然美景、佛教盛况和唐蕃之间时和时战的政治关系，可以说既是两篇历史文献，也是很好的游记文章。此外，宋代洮西守将河灌，于宝圭元年率众游览炳灵寺时，刻于崖壁上的游记碑文，也能折射出北宋、西夏、唃斯啰三朝角逐陇右的政治背景下，炳灵寺石窟在当时权属北宋、暂得安宁的境况。

除此之外，在一些大中型洞窟中，遗留了很多唐至明清时期来自各地的香客、游人的题记，如第169窟14龛中游人题诗“朝游灵岩入洞府/别是人间另一界/四维上下无着处/真乃虚空天外天/天宝十三年 天水郡”，第172窟中题“ 西宁卫藏寺僧王咏尚□拜”“进香弟子/徐海/侄男徐友成/赵良/河州”“此间别是一重天/万佛神仙在此间/虔意诚心来一扣/愿求己寿与儿贤”等等。这类题记数量庞大，包括汉、藏、回鹘、西夏多种文字。大多墨书或阴刻于壁面一角，有些甚至直接在褪色漫漶的壁画上随性抒怀，任意涂鸦,映射出炳灵寺石窟紧邻交通枢纽，各民族间往来不绝，四方游人如织、香火鼎盛的景象。

石窟涉及重修重建的记载题记有两处。一是明正德十二年篆刻于一块红砂岩石碑上的《重修古刹灵岩寺碑记》,石碑分正反两面，记述了了炳灵寺自开创以来的历史概况，周边地理生态环境的变化，明成化、正德年间大规模重修重建的因缘过程、参与筹措和捐资的僧俗信众等。同时，还清楚交代了石窟的四至边界范围。

另一方墨书于第184窟（老君洞）南壁上方的题记，描绘了炳灵寺蓬莱仙境般的自然景致、道教在炳灵寺的发展历史、清代以来石窟渐毁于兵燹匪乱的荒凉景象，及以甘肃兰州府河州北乡本邑罗暗吧为首的信众，于清光绪庚寅年（1890年）发心募捐建老君洞重塑老君像的过程。

这两则题记，既有发愿文的性质，也是两篇记载详尽的重建工程竣工报告。其所反映的重大历史事件、社会背景、人物活动等信息，无疑是探究炳灵寺发展兴衰状况弥足珍贵的第一手资料。

现存于第169窟14龛中的《佛说未曾有经》，是一方写经题记，在横长方形的崖壁上敷泥墨书而成。第92窟、151窟中曾发现了一些西夏文文书残页，为研究西夏与炳灵寺石窟的交互关系起到了一定的作用。

时光流转，物换星移。这些内涵丰富的题记，为后人留下了探古溯源的线索。

四、炳灵寺石窟的佛塔

佛塔起源于古印度，是存放佛舍利之处，称为“窣堵坡”。佛教高僧的遗骨埋葬后也建塔纪念。后来，由于塔是佛陀的象征，佛塔便成了佛教的标志性建筑。即使没有舍利，也可以在塔内放置佛经或佛教的重要法物。随着佛教传入中国，佛塔的造型也不断与我国传统的建筑艺术交融结合，衍生出各种形式各异的艺术造型，成为石窟艺术的一个重要类型。

早期窣堵坡式佛塔，基本造型为：塔基之上起一个圆形覆钵体，覆钵上面再以圆盘形相轮作为塔刹。炳灵寺西秦壁画中的佛塔，基本沿袭了这种形制，由基座、半圆形覆钵、三股相轮塔刹三部分组成，但相轮的比例明显加大，增强了装饰的效果。覆钵之上绘多种几何形的装饰图案，三股相轮刹柱上面以线条示意出层数。整体外形浑厚古朴，具有印度佛塔的特征。

随着法华信仰的兴起，这一时期还出现了一种塔、像合体的造型。画中的释迦多宝佛并坐在塔内，塔顶绘出与窟内同期佛塔相同的三股相轮刹柱，表示多宝佛身处的多宝塔，直观地展现了《法华经·见宝塔品》中所记多宝佛住于塔中升到虚空，并邀请释迦并坐说法的情节。

佛教传入中国后，中国的建筑师因地制宜，创造了木构楼阁式佛塔。有的砖石结构的佛塔也往往建成仿木结构塔形。炳灵寺第3窟内一座依山而雕的唐代石塔，由塔基、塔身、塔刹三部分组成，塔基与塔身均呈四面方形，塔基前有须弥台座，整体外观敦厚秀丽。塔身正面开一深龛，作珍藏舍利之用。塔身上部作仿木结构，飞檐翘角，斗拱装饰，雕工细腻。塔顶四角雕山花蕉叶，中间为覆钵。这是中国式亭阁建筑与印度风格覆钵刹顶相结合的塔形，展现了中印文化的完美交融。

吐蕃佛教兴起后，印度的佛塔文化在雪域高原得到了继承和发展，形成了具有印藏艺术结合特点的佛塔建筑。明清时期，随着后弘期藏传佛教的渗透繁荣，瓶形覆钵式的浮雕喇嘛塔开始大量出现在炳灵寺石窟的崖壁上。这些塔由带圭角的塔基、中间开龛的覆钵塔身、由下而上逐渐变细的十三层相轮、塔刹四个部分组成，分别代表佛教修行的各个阶段，具有具体而生动的宗教象征意义。有趣的是，这种印藏交融的佛塔艺术，在炳灵寺这个汉藏交接的地方，得到了二度改造，一部分喇嘛塔的覆钵形塔身，被换成了汉式仿木构亭阁造型。有些塔正面的小龛内至今还保留着包于袈裟中的高僧骨灰，或藏民族称为“擦擦”的泥塑小佛塔，分别体现了二者作为真身舍利塔和法身舍利塔的不同功用。

此外，在炳灵寺文物陈列馆内，还陈列着一些精巧的鎏金铜喇嘛塔和石刻小佛塔。这些鎏金铜塔的基座部位，一般雕饰双狮、摩尼宝珠等，顶部相轮处饰缠枝花草，铸造精美，色泽华美，具有很高的观赏性。其中珍藏的一座铜噶当塔，高21厘米，自下而上由塔基、覆钵塔瓶、须弥塔座、渐细递增的十三层相轮、华盖及莲花状的刹顶组成，通体浑厚简洁，状如铃铛，特征鲜明。相传这种塔形为印度高僧阿底峡大师于11世纪入藏传法时带入藏地，因流行于阿底峡弟子仲敦巴所创立的噶当派寺院，故俗称为“噶当塔”。另一座石雕仿印度佛陀伽耶塔，在敦厚的塔基之上有中间大、四角小的五座塔，塔基正面开一小龛，龛内雕结跏趺坐的释迦牟尼佛；塔基后面连着一个门廊，廊顶小龛内也雕一佛，门廊上方二角各雕一小塔。塔体遍刻千佛、狮子、花卉等，造型独特，精雕细琢，以高仅14厘米的方寸，成功演绎了金刚宝座塔壮观的气势。

这些多姿多彩的佛塔，以其特有的艺术形式，记载了炳灵寺石窟在每个历史阶段，受特定文化背景和建筑艺术影响而出现的迥然各异的风姿，带给人们别样的美学享受和宗教启迪。

五、炳灵寺石窟的馆藏文物

炳灵寺石窟除了洞窟中的雕塑与壁画外，还有遍布大寺沟内的寺院殿堂建筑，寺院中珍藏的佛教经典，大量元明清时期的金铜、木、泥制小像等。清末及民国以来的多次社会动乱，摧毁了所有的佛殿建筑，但寺院供奉的造像却得以幸存。2008年，炳灵寺文物保护研究所将原来的办公用房改建成南、北两座馆藏文物陈列馆，展出部分精品文物，使这些充满藏传佛教神秘色彩、沉睡百余年的艺术品重现光芒，与洞窟中的佛教艺术相呼应。时代上则前后衔接，向人们展示了炳灵寺石窟绵亘1600余年丰富璀璨、博大精深的佛教历史画卷。

藏传佛教是约5世纪传入西藏的佛教与当地传统的苯教长期斗争融合之后形成的独具地方特色的佛教体系。藏传佛教包括显宗和密宗，而习惯上视密宗为圣教精髓，提倡显、密共修，先显后密。西藏、蒙古等地以游牧生活为主，没有开凿石窟的地理条件，又经常逐草而居，迁徙不定。因此，适于供奉于寺院殿堂之中，并可随时挪移携带、即时即地观像修持的唐卡以及精致小巧的金铜、木雕、泥塑造像获得了发展。明清时期，随着藏传佛教向内地的广泛渗透影响，位于汉藏边缘地区的炳灵寺，在着力发展寺院僧众规模的同时，也充实了大量来自内地及藏区的不同风格造型的圣像。

炳灵寺的馆藏文物，材质上以金、铜、木为主，还有少量的泥、石作品。题材有佛、菩萨、弟子、罗汉、财神、佛塔、唐卡、法器等，以及密宗造像中的护法、度母、双身像等。工艺精湛，多角度地展示了藏传佛教艺术的内涵。其中的金铜造像，以黄铜或青铜铸成后表面鎏金，流光溢彩，庄严华贵；一批木雕作品，经制坯、雕凿、刮灰、铺苎、髹漆、贴金、绘彩等多个阶段的手工制作工序，造型丰富，少有雷同。

尤为珍贵的是，馆内一幅由一位道人画家于1930年临摹旧藏清代画作而成的布画——《炳灵寺弥勒圣地图》，以略带写意的笔触，生动地描绘了炳灵寺当年的佛教盛况。画面中小积石山群峰层峦叠嶂，河面上浪涛翻卷起伏，满载米粮的羊皮筏子往来不绝；河岸边佛堂庄严，僧舍绵延，炳灵寺因战乱损毁之前繁盛的寺院景象一览无余。图中所绘的建筑群，基本上都能与现存或考古发现的建筑遗迹相印证，是研究炳灵寺佛教与历史不可多得的资料。

馆藏文物中还有一批来自各窟龛的石雕和泥塑作品。它们有的是窟前考古发掘清理出土，有的是修建窟前防护堤坝时，从面临淹没或毁坏的窟龛中搬迁至此，进行更加妥善有效的保护管理和展示陈列。

14. 第1龛外景　20世纪60年代

Exterior View of Niche No. 1 (1960s)

第1龛位于大寺沟口西侧悬崖上，龛内原有1尊西秦立佛像，后经明代重塑，并补塑二胁侍菩萨像。1967年专家组搬迁此窟造像，因佛像是石胎泥塑，在当时条件下无法整体搬迁，对石窟进行了测绘、拍照等工作，后被刘家峡水库淹没。

15. 第1龛立佛像　西秦

Steading Buddha. Niche No.1, Western Qin Dynasty

佛像高4米，螺髻，面方额阔，大眼，身着轻薄透体的袈裟，袈裟领口被明代重塑时削掉，衣纹呈“U”形，双手残，佛像具有印度秣菟罗艺术风格。此像是剥掉表面明代层后露出的造像。

17. 第169窟内景

Interior View of Cave 169

窟内呈椭圆形，崖面凹凸不平，不易于雕刻，古代匠师因地制宜，灵活运用有限空间，用篱笆、泥土等制作背屏式佛龛造像，或砌墙作画。窟内满壁开龛造像或绘制壁画，洞窟、塑像、壁画反映了佛教初传入汉地时中国早期石窟的面貌特征。

16. 第169窟外景

Exterior View of Cave 169

第169窟是炳灵寺最早从事佛教活动的场所之一。石窟距地面40余米、宽26.75米、深8.56米、高约15米，是一个水蚀而成的不规则天然洞穴。4世纪～10世纪持续营建，现存造像76尊，壁画近100平方米。

169

20. 第169窟西壁

West Wall of Cave 169

西壁是第169窟中最早选择造像的区域，佛像位置高悬，错落不齐，大小不一，这种布局对禅观具有特殊效果。

21. 第169窟7龛　立佛像　西秦

Standing Buddha. Niche No.7 of Cave 169, Western Qin Dynasty

佛像身躯挺拔，身着轻薄透体的圆领袈裟，“U”形衣纹，袖口边缘纹饰呈波浪形，赤足立于莲台上。佛像深受秣菟罗造像影响。

22. 第169窟6龛　佛像　西秦

Buddha. Niche No.6 of Cave 169, Western Qin Dynasty

此组塑像均有榜题，是中国石窟同类题材中现存最早的“西方三圣”像。造像比例协调，造型准确，手法娴熟，是西秦时期的上乘之作。

23. 第169窟6龛　观音菩萨像（局部）　西秦

Avalokitesvara (part). Niche No.6 of Cave 169, Western Qin Dynasty

无量寿佛右胁侍菩萨，菩萨头束扇形发髻，戴柱形耳铛，斜披络腋，表情恬静，榜题“□观世音菩萨”。头上的束带及人字形发式深受河西造像影响。

24. 第169窟17龛　菩萨像（局部）　西秦

Bodhisattva (part). Niche No.17 of Cave 169, Western Qin Dynasty

佛右胁侍菩萨像，像高2.35米，头束扇形发髻，发带于一侧打结，长发披肩，戴中亚流行的柱形长耳铛，斜披络腋。

25. 第169窟16龛　思惟菩萨像　西秦

Meditation Bodhisattva. Niche No.16 of Cave 169, Western Qin Dynasty

菩萨像长发披肩，面带微笑，舒相坐姿，坐椅靠背为倒三角鱼鳞纹装饰，与莫高窟第275窟菩萨的靠背非常相似。

26. 第169窟9龛　三佛像　西秦

Three Buddhas. Niche No.9 of Cave 169, Western Qin Dynasty

三佛像的立姿及衣袖边缘的样式与龟兹早期造像非常相似，佛背光大量采用波斯连珠纹饰。

27. 第169窟3龛 佛、菩萨、力士像 西秦

Buddha, Bodhisattva and Wrestler. Niche No.3 of Cave 169, Western Qin Dynasty

造像面容、发式具有当地少数民族的特征，反映出了丝绸之路宗教文化传播的脉络和外来佛教艺术与本土文化结合并获得发展的艺术形式。

28. 第169窟22龛　佛、菩萨像　西秦

Buddha and Bodhisattva. Niche No.22 of Cave 169, Western Qin Dynasty

此铺造像原为一佛二菩萨像，右胁侍像已毁。佛高肉髻，面方圆，大眼，身着袒右肩袈裟，袈裟轻薄透体，有明显的秣菟罗特征。

30. 第169窟23龛　佛像　西秦

Buddha. Niche No.23 of Cave 169, Western Qin Dynasty

此处并列有五坐佛，这是其中二身佛像，额阔、大眼、鼻直、唇厚，有胡须，身着圆领袈裟，禅定印，佛像坐姿及袈裟样式具有犍陀罗风格。

31. 第169窟23龛　佛像头部　西秦
Buddha's Head. Niche No.23 of Cave 169, Western Qin Dynasty

32. 第169窟20龛　坐佛像　西秦

Seated Buddha. Niche No.20 of Cave 169, Western Qin Dynasty

佛像在南壁窟口处，佛面含微笑，袈裟、双手及双腿风化严重。西秦时期匠师已经熟练地掌握了雕塑技艺。

33. 第169窟20龛　释迦苦修像　西秦

Fasting Buddha. Niche No.20 of Cave 169, Western Qin Dynasty

表现释迦牟尼苦修时身体羸瘦，骨瘦如柴，肋骨、胸骨凸显，腹部凹陷。佛像的样式具有犍陀罗苦修像特征。此像是中国石窟中现存最早的释迦苦修像。

34. 第172窟北壁　佛像　北魏

Buddha. North Wall of Cave 172, Northern Wei Dynasty

佛像雕于北魏早期，石胎泥塑。佛磨光高肉髻，大眼、唇薄，着圆领袈裟，袈裟覆盖台基，双手禅定印，半跏趺坐。彩绘为明代重绘，造像仍有西秦遗风。

35. 第2窟　释迦多宝及菩萨像　北魏

Sakyamuni, Prabhutaratna and Bodhisattva. Cave 2, Northern Wei Dynasty

释迦多宝佛并坐像依据《妙法莲花华经·见宝塔品》制作，佛像清瘦，身着双领下垂的袈裟，袈裟垂至台基，左胁侍菩萨上着天衣，下着裙，立于莲台上。受中原佛教影响，这时期造像面貌呈现出“秀骨清像、褒衣博带”的中原风格。

36. 第125龛　释迦多宝佛像　北魏

37. 第126窟　释迦多宝佛像　北魏

Sakyamuni and Prabhutaratna. Cave 126, Northern Wei Dynasty

北魏延昌二年，曹子元出资修建第126窟。窟内石雕三世佛、菩萨及千佛像，共115尊。释迦、多宝并坐说法，雕像瘦削，五官小巧，袈裟下摆层叠有致。

38. 第126窟窟顶　千佛像　北魏

Thousand Buddha Motif. Ceiling of Cave 126, Northern Wei Dynasty

窟顶环状分布坐佛、立佛，排列有序。此组像与窟内千佛及南、西、北壁的三世佛像自成一体，共同表现诸佛无限，遍及三世十方，分身化佛无所不在的“法华三昧观法”。

39. 第126窟西壁　思惟菩萨像　北魏

Meditation Bodhisattva. West Wall of Cave 126 Northern Wei Dynasty

正壁上方悬雕思惟菩萨及供养人像，菩萨面带微笑，上着天衣，下着裙，右手托腮，左手抚膝，舒相坐姿，上身凸出的悬雕效果，具有脱壁欲出之感。

40. 第126窟北壁　交脚菩萨像　北魏

Cross-legged Bodhisattva. North Wall of Cave 126, Northern Wei Dynasty

交脚菩萨像头戴花冠，面瘦削，麻花辫披在双肩，身着天衣，衣带在胸前穿环，裙下摆层叠有致，两只狮子尾巴上竖，蹲在台基前。

41. 第128窟东壁　六佛及七佛像　北魏

Six Buddhas and Seven Buddhas. East Wall of Cave 128, Northern Wei Dynasty

释迦牟尼前世已有六佛，释迦牟尼成佛后即成七佛。观七佛是法华信仰和三世十方佛观的一部分，此六佛、七佛像的出现是当时禅观的需要。

42. 第132窟内景　北魏

Interior View of Cave 132. Northern Wei Dynasty

窟内主尊为释迦多宝并坐说法像，两侧壁主尊分别为一佛像和弥勒菩萨像，组成了三世佛题材。

43. 第132窟北壁　交脚菩萨像　北魏

Cross-legged Bodhisattva. North Wall of Cave 132, Northern Wei Dynasty

交脚弥勒菩萨像头戴花冠，身着天衣，天衣交叉在胸前穿环，下着长裙，双足踩于力士双手托举的莲花上，表现的是弥勒在兜率天宫为大众说法的情节。雕刻刀法劲健有力。

44. 第132窟南壁　胁侍菩萨像　北魏

Attendant Bodhisattva. South Wall of Cave 132, Northern Wei Dynasty

南壁左胁侍菩萨头戴莲花冠，五官小巧，身躯修长，神态沉静。

45. 第132窟窟顶　藻井　北魏

Caisson Ceiling. Ceiling of Cave 132, Northern Wei Dynasty

覆斗顶叠涩式藻井内雕莲花化生童子像，叠套方格层次感强烈。

46. 第132窟东壁　涅槃像　北魏

Nirvana Buddha. East Wall of Cave 132, Northern Wei Dynasty

涅槃像低肉髻，面方，双眼紧闭，右手枕于头下，左臂置于身上，着圆领袈裟，“U”形衣纹，双腿并拢。头顶一弟子抚枕，身后八弟子作举哀状。

47. 第16窟　涅槃像　北魏

Nirvana Buddha. Cave 16, Northern Wei Dynasty

1967年，涅槃像被搬迁保存在第146窟中。2000年，炳灵寺文研所将涅槃像搬进新建的卧佛殿内，2001年进行修复，2002年对外开放。佛像长8.6米，右协卧于佛床上，足着鞋，修复后佛像基本保持原貌。

48. 第169窟至172窟间的栈道

Trestle between Cave 169 to Cave 172

第172窟及天桥是北周时期佛教活动的主要区域，原天桥上建有三层栈道，悬塑三世佛及胁侍菩萨像10余尊，佛像高约3米，通壁彩绘壁画，现残存8尊像。从栈道栿孔的布局及佛像的残迹，仍能感受到当时造像的壮观。

49. 第172窟木阁内南侧　佛、菩萨像　北周

Buddha and Bodhisattva. South Side of the Wooden Attic, Cave 172, Northern Zhou Dynasty

木阁内南、西、北面各有泥塑一佛二胁侍像，造像经明代重绘。此铺像为一佛一弟子一菩萨像。

51. 第172窟北壁　五佛像之一　北周
One of the Five Buddhas. North Wall of Cave 172, Northern Zhou Dynasty

52. 第6窟西壁　佛像　北周

Buddha. West Wall of Cave 6, Northern Zhou Dynasty

佛像肉髻低平，面相丰圆，五官居中，上身敦壮，着圆领田相袈裟，衣纹密集，禅定印，跏趺坐于低台基上。

53. 第6窟西壁　佛像头部　北周
Buddha's Head. West Wall of Cave 6, Northern Zhou Dynasty

54. 第6窟北壁　菩萨像　北周

Bodhisattva. North Wall of Cave 6, Northern Zhou Dynasty

菩萨头戴莲花冠，面平，微笑，戴璎珞，着天衣，右手持宝珠，左手持瓶。

55. 第8窟西壁　佛像局部　隋代

Part of the Buddha. West Wall of Cave 8, Sui Dynasty

佛像头部为螺髻，面形清秀，唇上有胡须，胸前有“卐”符号。造像仍有北周之遗风，但塑造手法更加熟练。

56. 第8窟北壁　菩萨像　隋代

Bodhisattva. North Wall of Cave 8, Sui Dynasty

菩萨像颈细长，戴瓔珞，着披帛，裙腰高束于胸际，亭亭玉立于莲台上，服饰层次分明，端庄典雅。

57. 第4窟南壁　弟子像　初唐

Disciple. South Wall of Cave 4, Early Tang Dynasty

弟子像面圆润、微笑，袖手，衣纹简洁而突出，表情和蔼可亲，为一少年形象。

58. 第4窟北壁　弟子像　初唐

Disciple. North Wall of Cave 4, Early Tang Dynasty

弟子像头顶凸起，双目紧蹙，颈部筋骨凸起，身躯挺直，为一老者形象。

59. 第41龛　菩萨像　盛唐

Bodhisattva. Niche No. 41, High Tang Dynasty

菩萨像高0.27米，面丰满圆润，头束高髻，丹凤眼，颈有三道纹，舒相坐姿。体态娇小玲珑，雕刻精致，是炳灵寺石窟中最小造像之一。

60. 第28龛内景　盛唐

Interior View. Niche No. 28, High Tang Dynasty

龛内为一佛二弟子二菩萨二天王四夜叉像，组合丰富，展现了佛国世界成员的多样性和复杂性。

61. 第28龛　夜叉　盛唐

Yaksha. Niche No. 28, High Tang Dynasty

夜叉是北天王毗沙门的眷属，为佛教天龙八部众之一。二夜叉像被天王踩于足下，裸体，一坐一伏，面带微笑，形象调皮可爱。

62. 第31龛　佛、弟子、菩萨像　盛唐

Buddha, Disciple and Bodhisattva. Niche No. 31, High Tang Dynasty

佛像托钵，弟子像袖手，菩萨像持宝珠、提瓶，造像均立于莲台上，脸上洋溢着微笑，已不再是前代造像冷峻肃穆的表情，反映出大唐盛世的精神面貌。

63. 第36、37龛　盛唐

Niche No. 36, No. 37, High Tang Dynasty

菩萨上身袒露，下着贴体长裙，不装饰，造型简练、朴素，这种干练朴素的特征，形成了炳灵寺独特的艺术风貌。

64. 第38龛　佛、菩萨像　盛唐

Buddha and Bodhisattva. Niche No. 38, High Tang Dynasty

二胁侍菩萨像的发式、手式、衣饰、持物都不尽相同，匠师通过对二菩萨像装饰不同的刻画，来追求自然美。

65. 第42龛　佛、菩萨像　盛唐

Buddha and Bodhisattva. Niche No. 42, High Tang Dynasty

佛、菩萨像丰满圆润，绰约多姿。唐代开放和兼容并蓄的社会风气，打破了以前程式化的造像模式，佛教造像已完全中国化、世俗化。

66. 第64龛　佛、菩萨、天王像　盛唐

Buddha, Bodhisattva and Lokapala. Niche No. 42, High Tang Dynasty

佛像眉宇清秀，宁静从容；菩萨像身躯呈“S”形，妩媚动人。雕刻刀法简练流畅，形神兼备。

67. 第64龛南侧　菩萨像头部　盛唐

Bodhisattva's Head. South Side of Niche No. 64, High Tang Dynasty

菩萨头微侧，束高髻，面圆润，细眉，丹凤眼，隆鼻，嘴小，下颌有一道纹，神态自然，宛如一位美丽的少女。

68. 第45龛南侧　菩萨像　盛唐

Bodhisattva. South Side of Niche No. 45, High Tang Dynasty

菩萨头束高髻，长发披肩，上身袒，下着裙，舒相坐于台基上。雕刻线条极少，寥寥数刀就把一个灵动鲜活的妙龄少女形象定格在了崖壁上。

69. 第45龛北侧　菩萨像　盛唐

Bodhisattva. North Side of Niche No. 45, High Tang Dynasty

菩萨眼微睁，面含笑，上身袒露，肌肤圆润，富有弹性，双手持宝珠立于莲台上，神态恬静，造型简约传神，极具亲和力。

70. 第63龛　菩萨像　盛唐

Bodhisattva. Niche No. 63, High Tang Dynasty

菩萨像一手持莲蕾，一手提净瓶，上身袒，飘带穿臂，下着贴体长裙，身躯呈“S”形，舞动的身姿如行云流水，动感强烈。

71. 第21龛　菩萨像　盛唐

Bodhisattva. Niche No. 21, High Tang Dynasty

菩萨像的造型虽不及其他菩萨像，但华丽的服饰把菩萨装扮得分外妖娆。

73. 第29龛门北侧　天王像　盛唐

Lokapala. Outer North Portion of Niche No. 29, High Tang Dynasty

天王像为浅浮雕，头束高髻，双目圆睁，着甲胄、战裙、战靴，右手托山，左手叉腰，足踩夜叉，形象威猛。

74. 第10窟南壁　天王像（局部）　中晚唐

Lokapala (part). South Wall of Cave 10. Mid-Tang to Late Tang Dynasty

天王是佛教的护法神，天王像的额际、鼻、下颌、颧骨凸显，棱角分明，下唇凸出，为忿怒像。

75. 第168窟北壁　菩萨像　盛唐

Bodhisattva. North Wall of Cave 168, High Tang Dynasty

菩萨像高1.22米，是唐代大型的雕像之一，头束高发髻，斜披络腋，右手持宝珠，左手抚膝，舒相坐姿，足踩莲。

76. 第166龛南壁　弟子像　盛唐

Disciple. South Wall of Niche No. 166, High Tang Dynasty

弟子像双目下视，双手握于腹前，足着鞋，俨然一个年少可爱的小沙弥形象。

77. 第171龛　弥勒大佛像　盛唐
Giant Maitreya. Niche No. 171, High Tang Dynasty

弥勒大佛像高27米，石胎泥塑，开凿于开元十九年。佛前原有七重楼阁，后毁。明代修建九重汉藏式楼阁，佛像经多次重修。2011年～2013年再次修复。是炳灵寺石窟的标志性造像。

78. 第59龛北侧　弟子像　盛唐

Disciple. North Side of Niche No. 59, High Tang Dynasty

1998年1月弟子像被搬迁至文物库房。弟子像双目紧蹙，颈部、胸部筋骨凸显，双手相握于腹前，一手持数珠，为一老者形象。

79. 第10窟南侧　弟子像　中晚唐

Disciple. South Side of Cave 10, Mid-Tang to Late Tang Dynasty

此弟子像1997年12月被搬迁至文物库房。弟子像头微侧，体态自然，赤足立于莲台上。

80. 第11窟南壁　菩萨像　中晚唐

Bodhisattva. South Wall of Cave 11, Mid-Tang to Late Tang Dynasty

菩萨像戴项圈，着披帛，衣饰华丽。炳灵寺中晚唐造像开始追求华丽之美，这身菩萨像是其中的代表。

81. 第13龛　刘萨诃像　中晚唐

Statue of the Liu Sa-he. Niche No. 13, Mid-Tang to Late Tang Dynasty

刘萨诃为东晋名僧。公元5世纪左右，刘萨诃在河西一带弘法，有很强的影响力，被尊为神，敦煌等地的石窟也多有刘萨诃造像。

82. 第46龛　佛像　西夏

Buddha. Niche No. 46, Western Xia Dynasty

佛像眼眉细长，唇有胡须，面目清秀，宽肩细腰，作禅定印。炳灵寺西夏造像不多，从此像可以窥见西夏造像的风采。

83. 第70窟　十一面八臂观音像　明

Eleven-headed and Eight-armed Avalokitesvara. Cave 70, Ming Dynasty

十一面八臂观音是密教观音之一，其形象有密教思想的象征意义。菩萨有十一面，八只手臂，手中持有不同的器物，现器物已失。

84. 上寺第1窟东侧　佛像　明

Buddha. East Side of Shangsi Cave 1, Ming Dynasty

1988年，上寺卓玛大殿建成，画工绘制壁画时发现墙壁后有洞，打开洞门发现里面保存了6尊泥塑像，此佛像为其中之一。

85. 第187龛　米拉日巴像　明

Milarepa. Niche No. 187, Ming Dynasty

米拉日巴是藏传佛教噶举派创始人。米拉日巴像长发披肩，右手在耳边，左腿盘曲坐于兽皮上，展现的是为弟子传唱授经的场面。2006年，炳灵寺文研所对此像进行了保护修复。

86. 第169窟10龛　文殊菩萨像　西秦

Manjushri. Niche No. 10 of Cave 169, Western Qin Dynasty

这尊文殊菩萨像是第169窟中最早的画像之一。菩萨像造型古拙，线描粗犷，具有河西魏晋画像砖之遗风。

87. 第169窟6龛　弥勒菩萨像　西秦

Maitreya Bodhisattva. Niche No. 6 of Cave 169, Western Qin Dynasty

弥勒菩萨像的立姿、服饰，呈现出西域艺术风格。

弥勒菩薩

88. 第169窟12龛　交脚菩萨像　西秦

Cross-legged Bodhisattva. Niche No. 12 of Cave 169,
Western Qin Dynasty

89. 第169窟12龛　菩萨、飞天　西秦

Bodhisattva and Apsaras, Niche No.12 of Cave 169
Western Qin Dynasty

此图是佛陀说法场面一隅，双飞天于佛右侧献花起舞，菩萨身着袒右肩袈裟，持物供佛，一黄发卷曲、高鼻深目的西域人单膝跪向佛陀，烘托了佛陀说法的精彩场面。

90. 第169窟12龛　飞天　西秦

Apsaras. Niche No. 12 of Cave 169, Western Qin Dynasty

飞天为佛国世界的天人，通常在佛说法时于空中散花或歌舞。炳灵寺西秦飞天与凉州石窟的飞天一脉相承，身躯弯曲呈“U”形。

91. 第169窟1龛　菩萨像　西秦

Bodhisattva. Niche No. 1 of Cave 169, Western Qin Dynasty

菩萨头戴花冠，高鼻深目，唇厚，眉、鼻梁处用白色晕染，具有西域菩萨的面貌特征。

92. 第169窟6龛 伎乐飞天 西秦

Heavenly Musicians. Niche No. 6 of Cave 169, Western Qin Dynasty

93. 第169窟6龛　伎乐飞天　西秦

Heavenly Musicians. Niche No. 6 of Cave 169, Western Qin Dynasty

这是描绘于佛背光中的天人，或弹箜篌、阮咸，或吹排箫、羌笛，或击腰鼓，吹弹击舞，身姿灵动，是研究西秦音乐艺术及中西乐舞交流极为珍贵的图像史料。

94. 第169窟6龛　昙摩毗、道融供养像　西秦

Worshipping Monks (Tan Mopi, Dao Rong). Niche No.6 of Cave 169, Western Qin Dynasty

史载昙摩毗、道融、圣坚等是活跃在北凉、西秦、后秦之际的中外名僧，他们来西秦传授禅道，或翻译佛经。昙摩毗是印度禅师，道融是鸠摩罗什的得意弟子之一。

95. 第169窟12龛　法显、道聪供养像　西秦

Worshipping Monks (Fa Xian, Dao Cong). Niche No.12 of Cave 169, Western Qin Dynasty

东晋名僧法显与同学慧景、道整、慧应、慧嵬等“发迹长安，度陇，至乾归国夏坐”。壁画中的法显、道聪等画像及僧集、慧猛、慧妙、道弘、惠通、道元、道明、道新等高僧题名，是他们在炳灵寺进行佛教活动最好的证据。

96. 第169窟6龛　供养人像　西秦

Donors' Portrait. Niche No.6 of Cave 169, Western Qin Dynasty

西秦政权建立后，实行汉化政策，并按照汉族职官的设置，在其内部设立了博士、侍生等职位，壁画中的“博士南安姚庆子、侍生广宁邢斐”是西秦王朝的官员，当时他们参与营建了炳灵寺石窟，他们的名字也留在了崖壁上。

97. 第169窟6龛　供养人像　西秦

Donors' Portrait. Niche No.6 of Cave 169, Western Qin Dynasty

壁画中功德主为西秦乞伏氏的高级官员、王亲国戚等，说明了西秦王室直接参与营造第169窟的事实。现存西秦的文献记载很少，第169窟是研究西秦历史、宗教信仰等最好的佐证。功德主服饰是民族融合的具体反映，绘画技法明显受到魏晋时期南朝艺术的影响。

98. 第169窟6龛　供养人像　西秦

Donor's Portrait. Niche No.6 of Cave 169, Western Qin Dynasty

供养人身着汉式交领大袖衫，手持莲花，恭敬向佛，紧跟在“清信女妾王之像”身后，是西秦国的佛教信徒。

99. 第169窟11龛　维摩诘像　西秦

Vimalakirti. Niche No.11 of Cave 169, Western Qin Dynasty

维摩诘面容俊秀、半卧于帐内床榻上，表现的是《维摩诘经·问疾品》的内容。维摩诘为在家信佛的居士，他常常称病在家，因其道行高深，佛要派弟子前往探病，维摩诘利用这样的机会向众菩萨、弟子们讲说其佛教思想。南北朝时期，表现维摩诘的雕刻和壁画在各地流行。

100. 第169窟11龛　说法图　西秦

Preaching Scene. Niche No.11 of Cave 169, Western Qin Dynasty

佛、菩萨、飞天的造型具有西域式特点，供养人的形象却具有汉民族特征，展现出佛教初传入汉地时与中原文化结合的艺术形式。

101. 第169窟12龛　说法图　西秦

Preaching Scene. Niche No.12 of Cave 169, Western Qin Dynasty

壁画采用中国传统线描与西域晕染相结合的绘画技法。晕染仅在佛、菩萨的双眉、鼻梁、颈部，不同于西域式大面积晕染，体现了中西绘画技法初步结合的面貌特征。

102. 第169窟24龛　菩萨像　西秦

Bodhisattva. Niche No. 24 of Cave 169, Western Qin Dynasty

菩萨右手持莲花，左手持飘带，身躯后仰，双臂伸展，若在翩然起舞。

103. 第169窟24龛　千佛图　西秦

Thousand Buddha Motif. Niche No. 24 of Cave 169, Western Qin Dynasty

千佛表示佛国世界“三世三千佛”，在佛教石窟中是表现最多的题材，也是佛教禅修的重要观像主题。在169窟，这部分壁画是描绘时间较早的。

104. 第192窟1龛　千佛图　西秦

Thousand Buddha Motif. Niche No. 1 of Cave 192, Western Qin Dynasty

第192窟位于野鸡沟，是西秦时期炳灵寺佛教活动场所之一。西秦石窟多处出现千佛像，可见炳灵寺当时禅修之盛行。

105. 第192窟4龛　佛、菩萨像　北魏

Buddha, Bodhisattva. Niche No. 4 of Cave 192, Northern Wei Dynasty

画像具有中原“褒衣博带、秀骨清像”风格，色彩由西秦时期以石绿为主变为以石青色为主调，更加艳丽夺目。

106. 第192窟2龛　菩萨像　北魏

Bodhisattva. Niche No. 2 of Cave 192, Northern Wei Dynasty

菩萨的项圈、手镯别致，衣袖边缘有白点纹饰，北魏画师注重装饰。

107. 第195龛　说法图　北魏

Preaching Scene. Niche No.195, Northern Wei Dynasty

佛结跏趺坐于莲座上，身后是枝叶葱茏、果实累累的大树，两侧莲花盛开，化生童子从莲花中即出，二胁侍菩萨侍立于佛两侧。

108. 第184窟　佛、菩萨像　北魏

Buddha, Bodhisattva. Cave 184, Northern Wei Dynasty

1980年，甘肃省博物馆专业人员对第184窟壁画取样调查，至1982年清理修复完工，共清理出壁画20平方米，此铺壁画为其中之一，内容为法华经变。

109. 第184窟　菩萨像　北魏

Bodhisattva. Cave 184, Northern Wei Dynasty

菩萨像身着天衣，衣带在腹前穿环，下着长裙，尽显中原“褒衣博带”之风。

110. 第6窟　千佛像　北周

Thousand Buddha Motif. Cave 6, Northern Zhou Dynasty

炳灵寺古来有禅修的传统，此窟壁画展现的是千佛在山林中坐禅入定的场景。

111. 第6窟南壁　山林动物　北周

Forest and Animals. South Wall of Cave 6, North Zhou Dynasty

第6窟千佛像下面绘山林，现大部分已毁，此图是残存部分。山岩中有一棵大树，树上有喜鹊，树下几只猴子在追逐玩耍。

113. 第8窟南壁　菩萨、弟子、供养人像　隋

Bodhisattva, Disciples and Donors. South Wall of Cave 8, Sui Dynasty

文殊师利承佛旨意前往问疾，于是，众弟子、菩萨都转身跟随文殊一同前往问疾。图中众菩萨、弟子身躯前倾，或交头接耳，或东张西望，或翘首顾盼，或低首沉思。画师通过熙熙攘攘随行大众的举动、神态等来烘托文殊、维摩二大士辩法的精彩场面。

114. 第8窟北壁　菩萨、弟子像　隋

Bodhisattva, Disciples. North Wall of Cave 8, Sui Dynasty

北壁壁画与南壁、西壁前后呼应，都是随文殊前往维摩处听法的众菩萨、弟子们。

115. 第8窟窟顶　藻井　隋

Caisson Ceiling. Ceiling of Cave 8, Sui Dynasty

窟顶藻井为叠涩式方格，中心绘莲花化生童子像，外围六格内绘飞天，外边华盖庄严。

116. 第8窟南壁　供养人像　隋

Donors' Portrait. South Wall of Cave 8, Sui Dynasty

第8窟南北壁最下面是两排拱手向佛的供养人，共53身。男供养人头戴幞头，身穿胡服；女供养人穿长袖襦裙，足穿尖头屐，均手持莲花。两排整齐划一、迈步向前的供养人，是当时绕窟颂经宗教仪式的真实写照。

117. 第169窟西壁　飞天　隋—唐

Apsara. West Wall of Cave 169, Sui to Tang Dynasty

飞天头戴花冠，面容俊秀，唇有胡须，双臂挥舞着长长的飘带，似从天际俯冲而下。

118. 第134窟　菩萨像　唐

Bodhisattva. Cave 134, Tang Dynasty

第134窟佛两侧有十菩萨像，此菩萨像是其中之一。菩萨戴花冠、耳环、项圈、手镯等，披帛穿臂外扬，下着裙，紧随在文殊菩萨之后。

119. 第86窟窟顶 宝盖、流云 盛唐
Canopy and Clouds. Ceiling of Cave 86, High Tang Dynasty

佛宝盖为红色，上面有宝珠、花卉装饰，边缘有流苏、风铃装点；菩萨宝盖为绿色，装饰与佛宝盖相同。

120. 第61龛龛顶　飞天　盛唐

Apsaras. Ceiling of Niche No. 61, High Tang Dynasty

唐代飞天不再局限在窟顶的交叉里，而是飞翔在云朵飘飘的天空。此二飞天手托花盘，身姿轻盈灵动，动感强烈。

121. 第9窟南侧　菩萨像　中晚唐

Bodhisattva. South Side of Cave 9, Mid-Tang to Late Tang Dynasty

　　菩萨头戴波斯式日月花冠，上着披帛，下着长裙，纱裙轻薄透体。

122. 第11窟南侧
菩萨像　中晚唐
Bodhisattva. South Side of Cave 11, Mid-Tang to Late Tang Dynasty

菩萨体态丰满，衣饰华丽、精致，充分运用红色，更显富贵之美。

123. 第11窟窟顶　藻井　中晚唐

Caisson Ceiling. Ceiling of Cave 11, Mid-Tang to Late Tang Dynasty

窟顶藻井中心绘莲花，莲花外围为4身翱翔的飞天。飞天的浅色肌肤与深色飘带形成强烈对比，突出了飘带的动感，造成满壁飞动之势。

124. 第11窟窟顶　飞天　中晚唐

Apsaras. Ceiling of Cave 11, Mid-Tang to Late Tang Dynasty

飞天丰满圆润，肌肤富有弹性，一手托花盘，一手伸展，飘带随身舞动，面部、身躯边缘用橘色晕染，增强了艺术效果。

125. 第3窟北壁　佛、菩萨像　明

Buddha, Bodhisattva. North Wall of Cave 3, Ming Dynasty

第3窟是炳灵寺明代壁画中保存最完整、内容最丰富的石窟。壁画绘佛、菩萨、本尊、祖师、罗汉及花鸟屋舍，绘画采用工笔重彩的技法，线条细腻，饰色淡雅。佛像一手托钵，一手作说法印，结跏趺坐于莲座上，背屏为六拏具装饰。

126. 第3窟南壁　千手千眼观音像　明

Thousand-armed and Thousand-eyed Avalokitesvara. South Wall of Cave 3, Ming Dynasty

千手千眼观音是密教观音之一。观音有十一面，最上面两层各一面，下面三层各三面，主手臂八臂，每只手持不同器物，其余手臂密布于圆形背光中，每只手中均有一眼。

127. 第3窟北壁　菩萨像　明

Bodhisattva, North Wall of Cave 3, Ming Dynasty

佛右胁侍菩萨像雍容华贵，双手于胸前持莲花，右侧莲花上有金刚杵，左侧莲花上有金刚铃。

128. 第92窟西壁北侧　飞天　明

Apsara. North Side of the West Wall, Cave 92, Ming Dynasty

飞天黑发，戴挂珠，着半臂，双臂伸展作飞行状，身后有飘带，下半身为鸟腿，裙下露出羽毛，表明是人首鸟身的形象，为天龙八部中的紧那罗。

129. 第93窟窟顶　坛城图　明

Mandala. Ceiling of Cave 93, Ming Dynasty

窟顶为阿閦佛坛城图，阿閦佛结跏趺坐于坛城中央，周围大日如来、宝生佛、阿弥陀佛、不空成就佛依次环绕。城有四门，门楼顶有祥麟法轮，城墙上有祥禽瑞兽，布局严谨，绘画精致。

130. 第172窟南壁　五佛像之一　明

One of the Five Buddhas. South Wall of Cave 172, Ming Dynasty

藏传佛教五佛之一，佛像头上有髻珠，面清秀，身着袈裟，手作说法印，立于莲花上，背光内绘牡丹花。

施財信士孫奉

131. 第172窟木阁南侧　菩萨像　明

Bodhisattva. South Side of the Wooden Attic, Cave 172, Ming Dynasty

木阁外两侧绘十菩萨赴会图，此图为南侧五菩萨像。菩萨宽肩细腰，双手合十，衣饰华丽，展现了汉藏交接地带藏传佛教与汉文化融合的艺术面貌。

133. 第4窟西壁　六臂大黑天像　明

Six-armed Mahakala West Wall of Cave 4, Ming Dyansty

摩诃噶剌（意译大黑天），是古印度的军神、战神，后成为藏传佛教中重要护法神之一。六臂大黑天，一面三目六臂，四手分别持骷髅念珠、颅鼓、三叉戟、绳索，主双手于胸前执金刚钺刀和颅碗，身披象皮，腰束虎皮裙，跨步立于一仰面人身上。

134. 第128窟北壁　喜金刚像　明

Hevajra. North Wall of Cave 128, Ming Dynasty

喜金刚是藏传佛教密修五大本尊之一。喜金刚像八面十六臂，怀抱明妃，每只手中有颅碗，两腿踩人，另两腿被人托起，具有威慑邪恶的力量。

135. 第172窟北壁　金刚手像　明

Vajrapā. North Wall of Cave 172, Ming Dynasty

金刚手是藏传佛教密乘事部“三怙主”之一，表示大力，深受藏传佛教信徒崇奉。金刚手像三眼，手持金刚杵跨步而立。

136. 洞沟第5窟西壁　弥勒菩萨像　明

Maitreya Bodhisattva. West Wall of Dong Gou Cave 5, Ming Dynasty

这是藏传佛教的弥勒菩萨，菩萨双手持莲花，右侧莲花上有净瓶，左侧莲花上有法轮。

137. 上寺第4窟西壁　十一面八臂观音像　明

Eleven-headed and Eight-armed Avalokitesvara. West Wall of Shangsi Cave 5, Ming Dynasty

此铺壁画是观音经变，中间为十一面八臂观音像，两侧为观世音救八难图，有火难、水难、狱难、盗难、蛇难等。佛经宣扬只要众生遇难念观音菩萨名号，观音会应身来救苦救难。

138. 上寺第5窟东壁　佛像局部　明

Buddha (part). East Wall of Shangsi Cave 5, Ming Dynasty

佛通体绿色，身着袈裟，结跏趺坐说法。佛像螺髻，有顶严，顶严是藏传佛教特有的艺术形式。

139. 上寺第5窟北壁　祖师像　明

Patriarch. North Wall of Shangsi Cave 5, Ming Dynasty

藏传佛教祖师像，头戴藏式长耳帽，内着坎肩，外着袈裟，双手持莲花，右侧莲花上有剑，左侧莲花上有佛经。

140. 第169窟14龛 《佛说未曾有经》写经 西秦

"Fo Shuo Wei Ceng You Jing" Sutra Manuscript. Niche No. 14 of Cave 169, Western Qin Dynasty

经文墨书在长1.65米、高0.7米较平整的壁面上，内容为："佛说未曾有经如是我闻……/舍城者耆阇崛山中与大比丘中千。"经文共53行，现大部分字迹模糊不清。

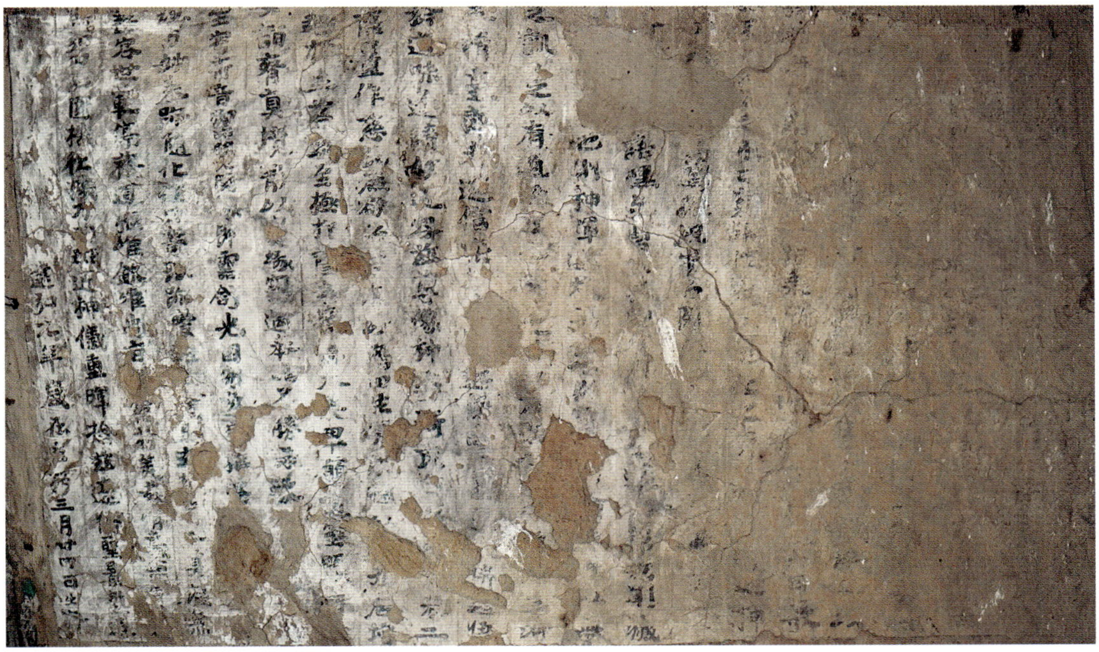

141. 第169窟6龛 建弘题记 公元420年

Inscription of Date (Jian Hong Period). Niche No. 6 of Cave 169, AD 420

题记高0.47米、宽0.87米， 500余字，内容为第6龛造像发愿文，末书"建弘元年岁在玄枵三月二十四日造"。1963年第二次石窟调查时发现了此题记。"建弘题记"是迄今中国石窟中发现最早的纪年题记，它的发现为中国早期石窟断代提供了重要依据，也为佛教初传入汉地提供了确切的时间证据，具有极高的历史价值。

142. 第169窟24龛 供养人题记 西秦

Donor's Inscription. Niche No. 24 of Cave 169, Western Qin Dynasty

题记位于24龛壁画下方，墨书“比丘慧眇、道弘、昙要、道融等，共造此千佛像……”，共8行，是供养人绘制壁画的发愿文。

143. 第126窟上方　曹子元造像题记　公元513年

Inscription of Cao Ziyuan Donated the Statue. Top of the Cave 126, AD 513

为第126窟的开窟造像题记。落款为“大代延昌二年”（513年），此题记为周围其他石窟的开凿时间提供了重要依据。

144. 第8窟西壁　回鹘文题记

Uighur Script Inscription. West Wall of Cave 8

这一题记为后来游人所题，写在正壁佛头光右上侧。题记为7行回鹘文。回鹘文又称畏兀儿文，是公元8世纪~15世纪维吾尔族的文字。

145. 第134窟台基　功德主造像题记

Inscription of Donor Donated the Statue. Pedestal of Cave 134

第134窟佛台基前对称绘供养人，正中墨书供养人题记“佛弟子莫□□一心供养”等，共9行，现大部分模糊不清。

146. 第53龛下方　永隆题记　唐

Inscription of Date (Yong Long Period). Underneath the Niche 53, Tang Dynasty

第49～57列龛题记共7处，每则约40字。永隆二年（681年），唐廷派出巡察使判官岐郿县都尉崔纯礼、巡察使典雍州醴泉县骆弘爽等巡视陇右，七月八日，他们来炳灵寺时开龛造像，此题记为其中之一。

147. 第28龛南侧　蔡如仙造像题记

Inscription of Cai Ruxian Donated the Statue. South Side of Cave 28

题记镌刻在龛门南侧，“□子蔡如仙为亡父母敬造弥勒一龛”，字大约10厘米。蔡如仙为亡父母出资开凿第29龛，并在龛沿上刻下了造像题记。

148. 第64龛上方　张楚金题记

Inscription of Zhang Chujin. Top of the Niche No.64

公元678年9月，唐与吐蕃战于青海。10月，随军的刑部侍郎张楚金返回路经炳灵寺时，将这一重大历史事件撰刻在了炳灵寺崖壁上。题记有41行，行42字，是一篇记录唐蕃关系、炳灵寺自然景观和佛教活动最直接的历史文献。

149. 第148窟北侧 《灵岩寺记》题记

Inscription of "Ling Yan Si Ji". North Side of Cave 148

公元731年，御史大夫崔琳奉唐玄宗之命，率72人的使团出使吐蕃，和平解决唐蕃关系，路经炳灵寺时由副使缮部郎中魏季随撰写和平解决唐蕃关系，安乡县令王警献镌刻。《灵岩寺记》约 1300余字，记录了开元时期唐与吐蕃的关系及汉藏民族友好往来，也记录了炳灵寺佛教情况。

150. 天桥栈道上方　郑嘉宾题记

Inscription of Zheng Jiabin. Top of the Overbridge Trestle

陇右是防御吐蕃之地，掌管军防的“度随军判官洺州司兵参军郑嘉宾”，在陇右期间来炳灵寺，攀缘天桥栈道，登临仙阁敬佛，并作此题记。

151. 第14、15龛间　工匠题记

Inscription of Craftsman. Between Niche No. 14 and 15

匠师在造像的同时，也把自己的名字留在了炳灵寺崖壁上，这些石窟题记，大部分是唐代石匠留下的。

152. 第135龛上方　吐蕃文、藏文题记　中唐

Tibetan Script Inscription. Top of the Niche No. 135. Mid-Tang Dynasty

题记为吐蕃文、藏文六字真言，也叫“六字大明咒”，是密教四臂观音的心咒，藏民族极信仰四臂观音。

153. 何灌题记　公元1112年

Inscription of He Guan. AD 1112

题记高1.7米、宽1.3米，共70字。记载了宝圭元年（1112年）十二月二十三日，洮西守将何灌率王安、陈永、刘德修等，晨发郡城，绝冰河，来炳灵寺观光的经过。

154. 第168窟南侧　西夏文题记

Tangut Script Inscription. South Side of Cave 168

题记两行9字。11世纪初，“吐蕃木征以河州附于西夏”，“赵乾顺遣兵，断炳灵寺河桥”，炳灵寺一带被西夏占领。西夏国信仰佛教，此题记就是西夏人在炳灵寺活动的见证。

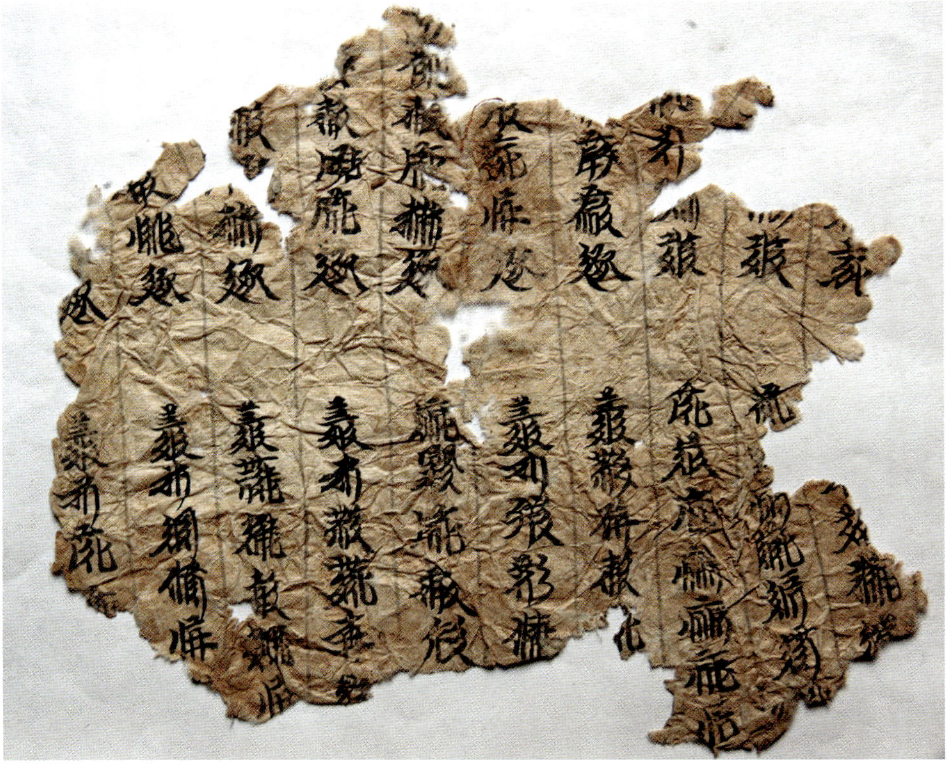

155. 西夏文文书残页

Fragment of Tangut Manuscript

李元昊时期，由大臣野利仁荣仿汉字创制西夏文。西夏文形体方整、笔画繁冗。这页西夏文文书为小楷字，字约1厘米，书法遒劲有力。

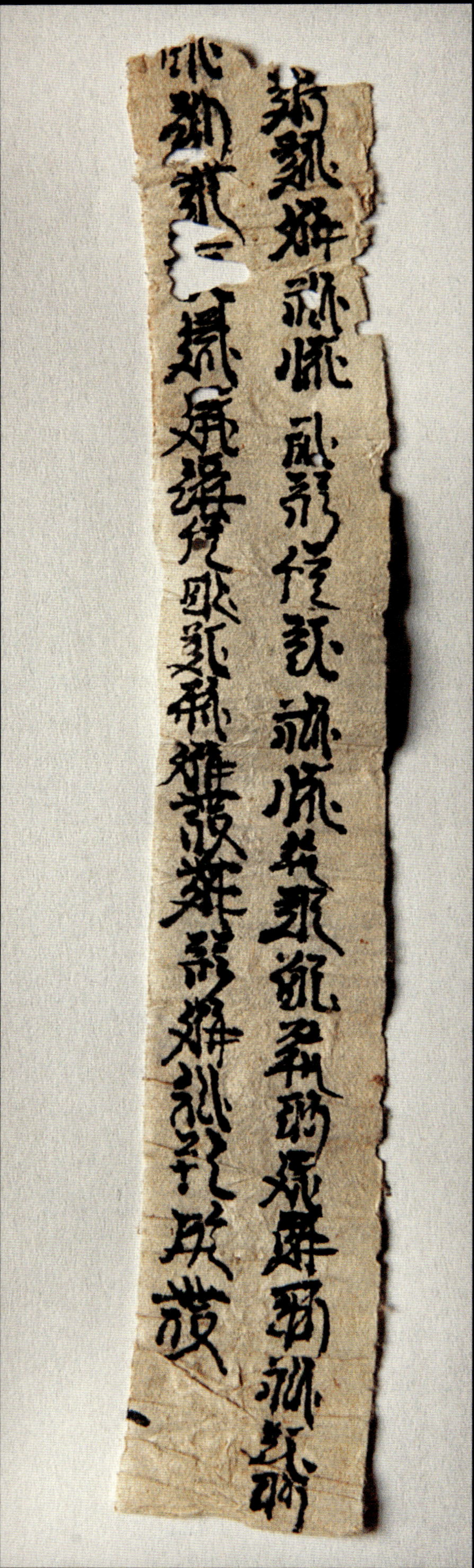

157. 重修古刹灵岩寺碑记　公元1517年

Tablet Inscription of Rebuild Gucha Lingyan Temple. AD 1517

碑高1.66米、宽0.81米、厚0.21米，约2000余字。碑阳额篆“大明”，碑阴额篆“皇明”。碑记记载了炳灵寺石窟风貌、四至范围、修建寺院情况和重建石窟出资者姓名，末书“正德十二年岁次丁丑丙午月九日立碑”。

156. 西夏文文书

Tangut Manuscript

2002年7月3日，炳灵寺专业人员在修复第152窟时，从墙洞中发现了西夏文文书残页，此残页纵长0.175米、宽0.03米，43字。

158. 第4窟东壁　供养人题记

Donor’s Inscription. East Wall of Cave 4

题记高0.46米、宽0.31米，阴刻“大明国陕西道河州在城口住奉/佛发心彩画……/嘉靖十六年二月初八画大样”，是明代功德主重绘壁画的发愿文。

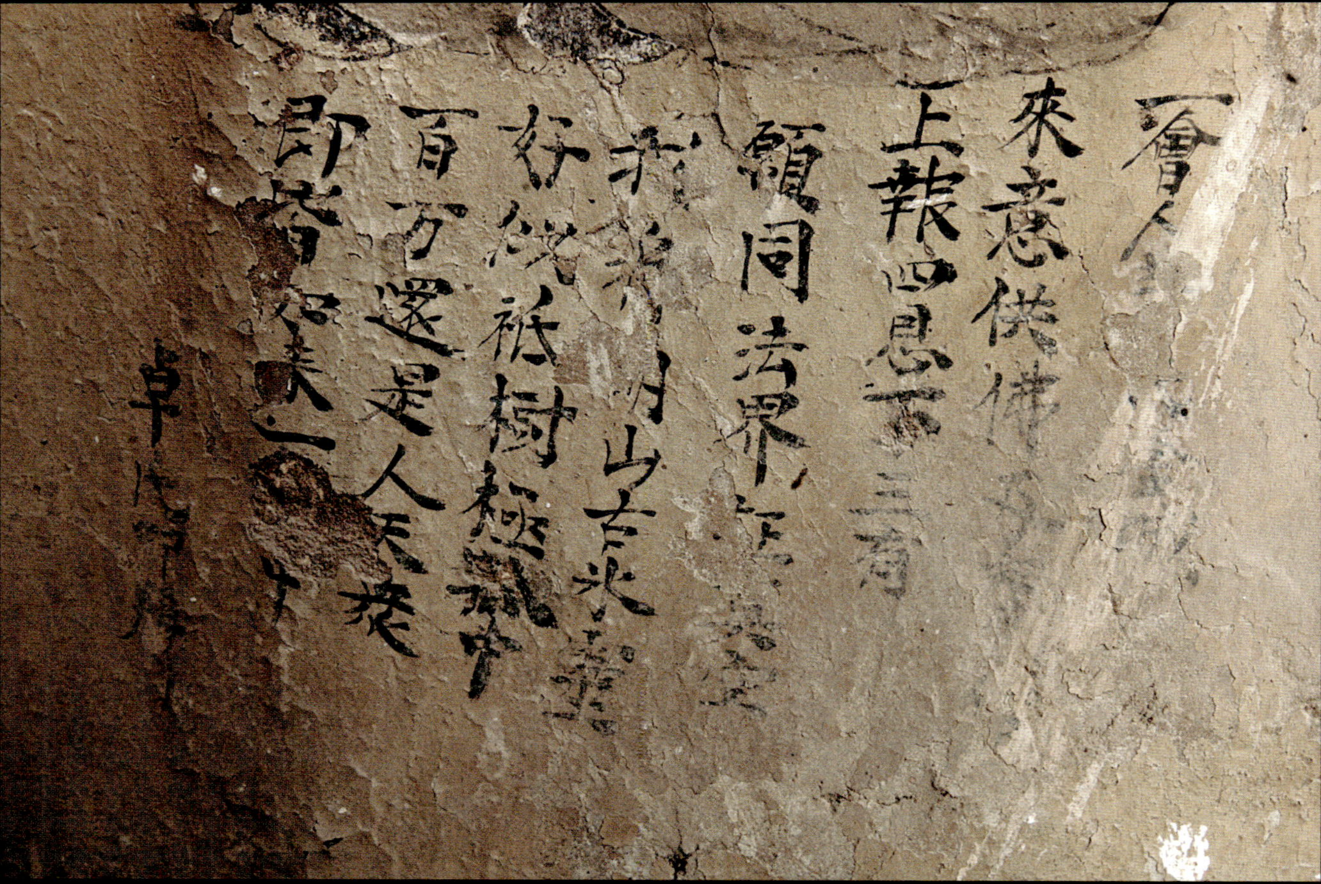

159. 第172窟北壁窟口　供养人题记

Donor's Inscription. North Wall of Cave 172

墨书题记，其中有“一会人□代金城/来意供佛及斋僧……”，说明是来炳灵寺拜佛、斋僧而题的。

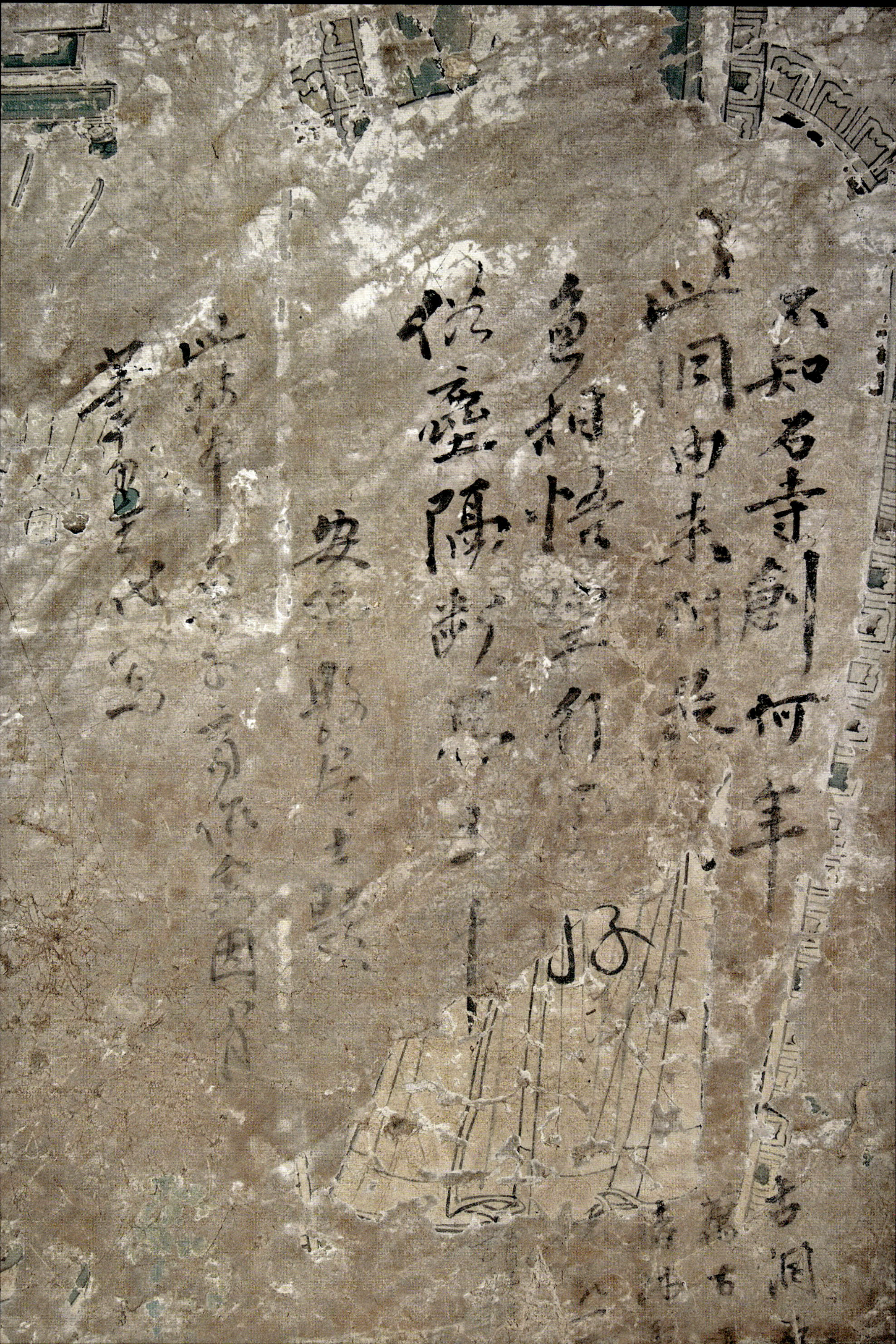
不知石寺創何年

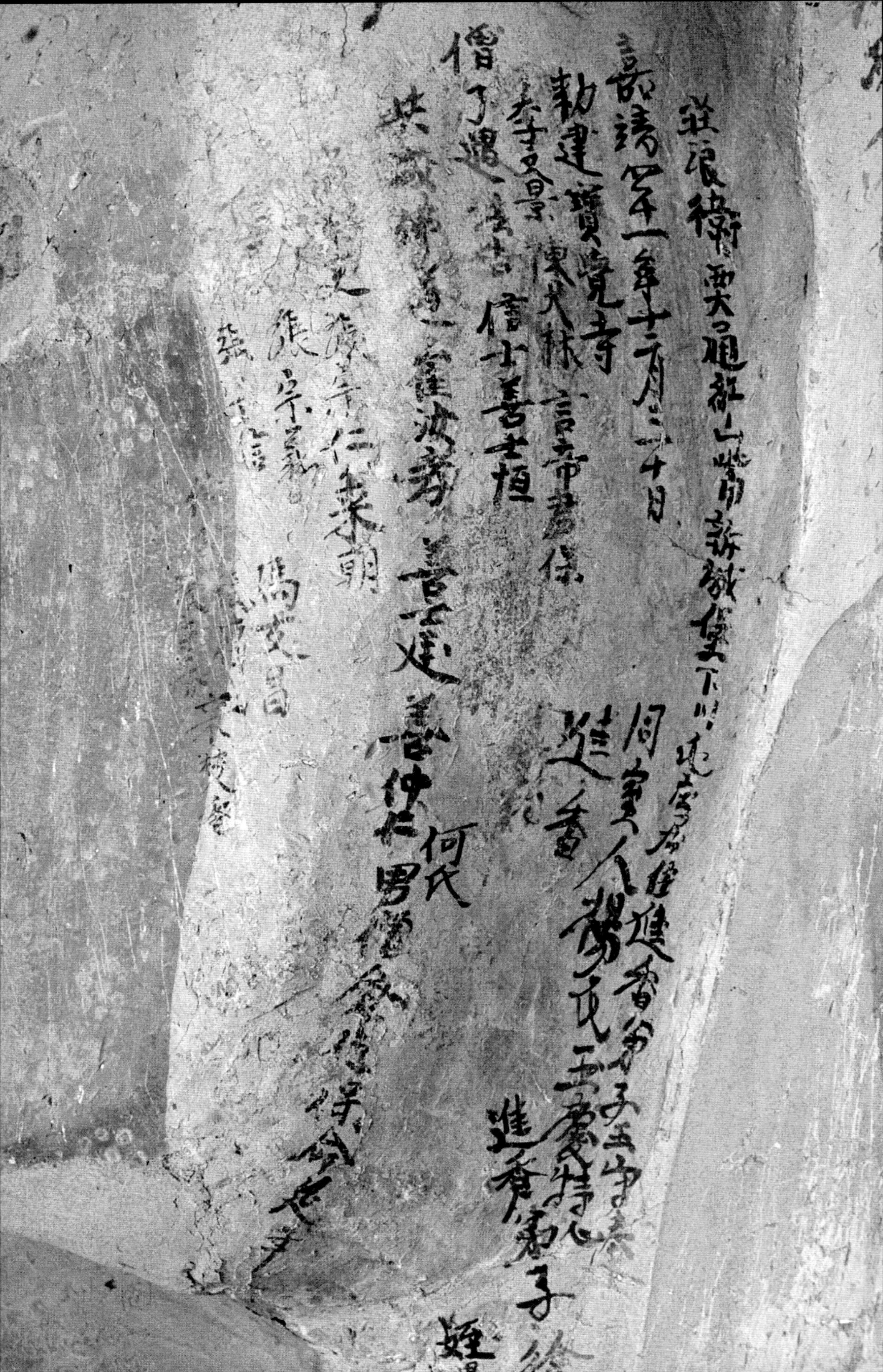
莊浪衛
嘉靖四年十二月二十日
勅建寶覺寺

162. 第180龛顶部　游人题记

Visitor’s Inscription. Top of the Niche No. 180

墨书 “黄河一水远长流/风水仙人尹不休/江山日月人行到/万事人休不到头。洪武二十九年正月一日熊奇”。

161. 第172窟北壁　游人题记

Visitor’s Inscription. North Wall of Cave 172

第172窟是炳灵寺石窟中保存游人题记最多的石窟，大部分为明代香客、官吏、僧侣及供养人所题，有简洁的心愿，有冗长的发愿文，还有文学诗词，从侧面反映了明代炳灵寺佛教的兴盛。

163. 第184窟南壁 重修炳灵寺题记

Inscription of Rebuild Bingling Cave-temple. South Wall of Cave 184

清光绪十六年（1890年），甘肃兰州府河州北乡罗喑巴募化修建老君殿，张有文书“重修炳灵寺”题记。题记分布在南壁两侧，记载了道教的历史、炳灵寺风光、老君殿被毁及募捐修建的经过。

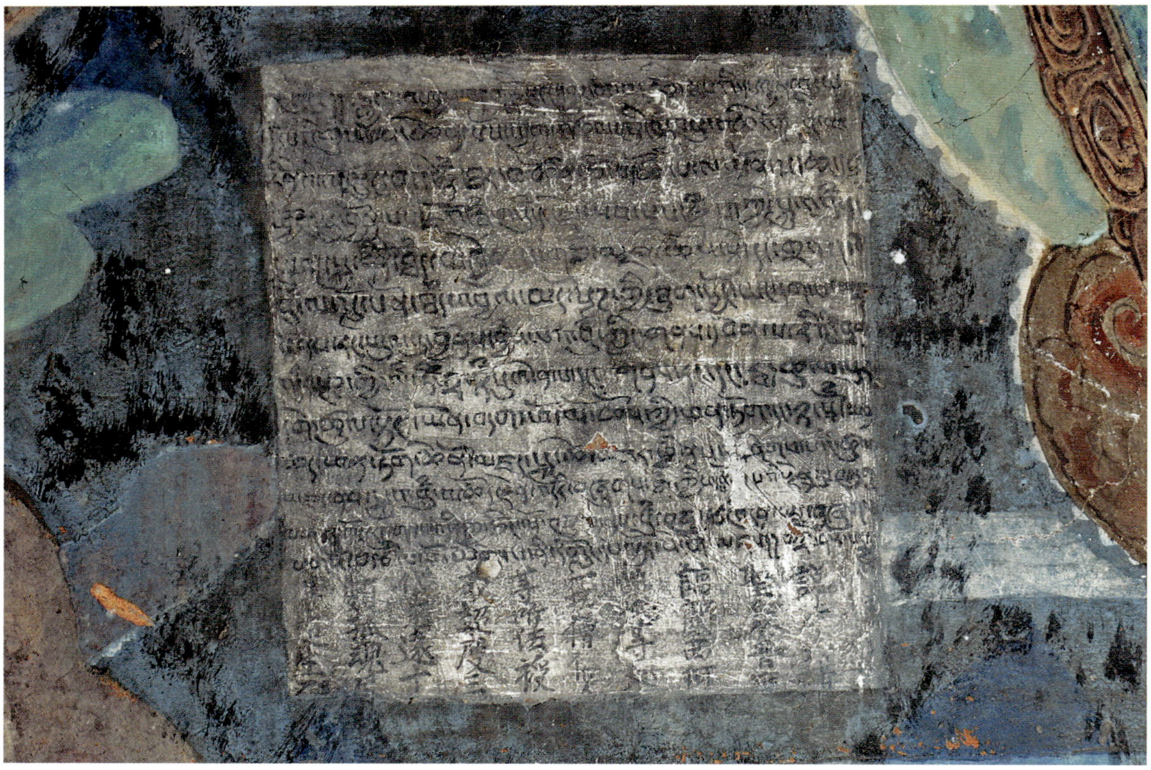

164. 洞沟第2窟西壁　藏文题记

Tibetan Script Inscription. West Wall of Dong Gou Cave 2

题记分两部分，上部分为藏文，共13行；下部分为汉文，10行。

165. 第169窟23龛上方　佛塔　西秦

Stupa. Top of Niche No.23, Cave 169, Western Qin Dynasty

此塔为印度早期“窣堵波”式佛塔，圆形塔身上绘制华绳、连珠、几何等纹饰，塔刹为三股相轮。

166. 第169窟11龛　多宝塔　西秦

Prabhutaratna Stupa. Niche No.11, Cave 169, Western Qin Dynasty

壁画反映的是释迦、多宝并坐于多宝塔中讲法的情节。这铺壁画是中国现存最早的法华经变，此塔也是现存最早的多宝塔。

167. 第3窟　石塔　唐

Stone Pogoda. Cave 3, Tang Dynasty

此塔为中国式仿木结构四方石塔，塔刹已失。塔正面有踏道、塔门，四坡屋面平缓规整，飞檐斗拱构件清晰。石塔轮廓端庄秀丽、形体稳健，体现了唐代木构建筑和雕塑的艺术成就。

168. 第T-8、9、10石塔

Stone Pogoda. No. T-8, 9, 10

佛塔最初是用来供奉佛舍利的，后来也把佛经和法器存入塔中。此组佛塔雕凿于宋元时期，为中西合璧式佛塔，由塔基、塔身、塔刹三部分组成。

169. 第T-13、16石塔

Stone Pogoda. No. T-13, 16

塔高1.9米，束腰莲座塔基，塔身仿木构建筑，相轮宝珠刹顶，同时在一座塔里出现了两个塔门，造型别致、端庄。

170. 第T–11、12喇嘛塔

Lamaist Pogoda. No. T-11, 12

藏传佛教喇嘛塔有五大象征，把佛教“地、水、火、风” 四界贯穿其中，塔座代表地，塔身代表水，相轮代表火，伞盖代表风，塔顶的日月代表空。

171. 洞沟第8窟东侧　喇嘛塔

Lamaist Pogoda. East Side of Dong Gou Cave 8

第8窟窟外两侧分布着一排喇嘛塔，此组喇嘛塔是其中三座，每座塔由束腰须弥塔座、瓶形塔身、十三相轮、伞盖、日月构成，形如宝瓶。

172. 上寺六角形石塔

Hexagon Stone Pogoda at Shangsi

此石塔由独立的13个构件堆积而成。束腰莲花塔座，钵形塔身，塔门上雕释迦涅槃及弟子举哀像，后面雕牡丹花纹。塔刹部分由两座六角仿木构建筑构成，六棱柱每面雕佛像，塔顶为莲花，莲蕾上有造像。

173. 仿印度佛陀伽耶石塔　宋元

Imitation of Indian Buddhagaya Stone Stupa. Song and Yuan Dynasty

石塔高0.14米、长0.09米、宽0.05米，仿佛陀伽耶大菩提寺佛塔雕琢而成。塔有东西门坊，西门入口雕佛像，东门两侧有坊柱，坊上方龛内雕释迦降魔像。塔四周雕佛像，塔顶中间为一大塔，四角分布四座小塔，造型、布局与佛陀伽耶塔非常相似。

174. 铜鎏金喇嘛塔　清

Gilt Bronze Lamaist Pogoda. Qing Dynasty

塔高0.19米、宽0.1米，方形束腰塔基，覆钵莲花塔座，塔身开有壸门，相轮上有宝盖、日月、绶带，一般是用来存放逝者骨灰的。

175. 铜鎏金佛像　明

Gilt Bronze Buddha Statue. Ming Dynasty

佛像高0.3米，螺髻，有顶严，面圆，胸前有“卍”字符号，斜披袈裟，降魔印，结跏趺坐于束腰莲座上。衣纹边缘有花卉纹饰，佛像端庄肃穆，铸造工艺精湛。

176. 铜鎏金文殊菩萨像　明

Gilt Bronze Manjusri Statue. Ming Dynasty

藏传佛教中文殊被视为诸佛智慧所化现神祇，手中的剑能断除一切烦恼，手中的经卷具大智慧，所以，文殊菩萨倍受崇信。文殊像头戴花冠，宽肩细腰，上身袒，下着贴体长裙，结跏趺坐于双层束腰莲座上，神态沉静。造像金质纯厚，做工精细。

177. 铜鎏金黄布禄金刚像　明

Gilt Bronze Huang Bulu Vajra Statue. Ming Dynasty

黄布禄金刚像身躯敦厚，头戴宝珠冠，长发披肩，大腹，上着天衣，下着梅花纹长裙，右手持宝珠，左手持宝鼠，宝鼠嘴吐宝珠，舒相坐于高台座上。藏传佛教中黄布禄金刚具有护法和诸财神的身份，深得人们青睐。

178. 铜鎏金绿度母像　明

Gilt Bronze Green Tara Statue. Ming Dynasty

绿度母是藏传佛教中重要的神祇，据传为观音菩萨的眼泪所化现。因绿度母有救八难等功能，倍受藏民族青睐。此像双手分别持莲花，舒相坐姿，足踩莲花。

179. 铜鎏金弥勒菩萨像　明

Gilt Bronze Bodhisattva Statue. Ming Dynasty

弥勒菩萨头束葫芦发髻，双手持莲花，右手莲花上有法轮，花冠、左侧莲花已失。

180. 木雕弥勒菩萨像　明

Wood Carving Maitreya Bodhisattva Statue. Ming Dynasty

弥勒菩萨像呈三曲姿势，莲茎沿身体两侧和双臂向上延伸，莲花上有法轮和水壶，是弥勒菩萨的特有法器，胸中的宗喀巴像、法轮、莲座是后来补做的。菩萨像衣饰华丽，姿态优美，雕刻精细。

181. 铜噶当塔　明

Bronze Gedang Pogoda. Ming Dynasty

噶当塔高0.2米，底径0.11米。相传印度高僧阿底峡传入西藏，流行于噶当派寺院，故而得名。此塔塔身为金刚铃形，铃上有仰覆莲、双股纹饰，塔刹由相轮、宝盖、莲花组成。

182. 炳灵寺圣地图

The Holy Bingling Cave-temple Map

圣地图长2.56米，纵1.86米，由两块白布缝合而成，绘于民国十九年（1930年）。正上方藏文墨书图名，汉译“弥勒炳灵寺圣地图”，上方左侧墨书“岁次庚午年……贫道金山姓泒写意”，右下侧墨书26行藏文题记，炳灵寺主要佛教活动遗址尽在其中。画家以写意的笔触描绘了石峰林立、黄河奔流如仙境般的炳灵胜景。

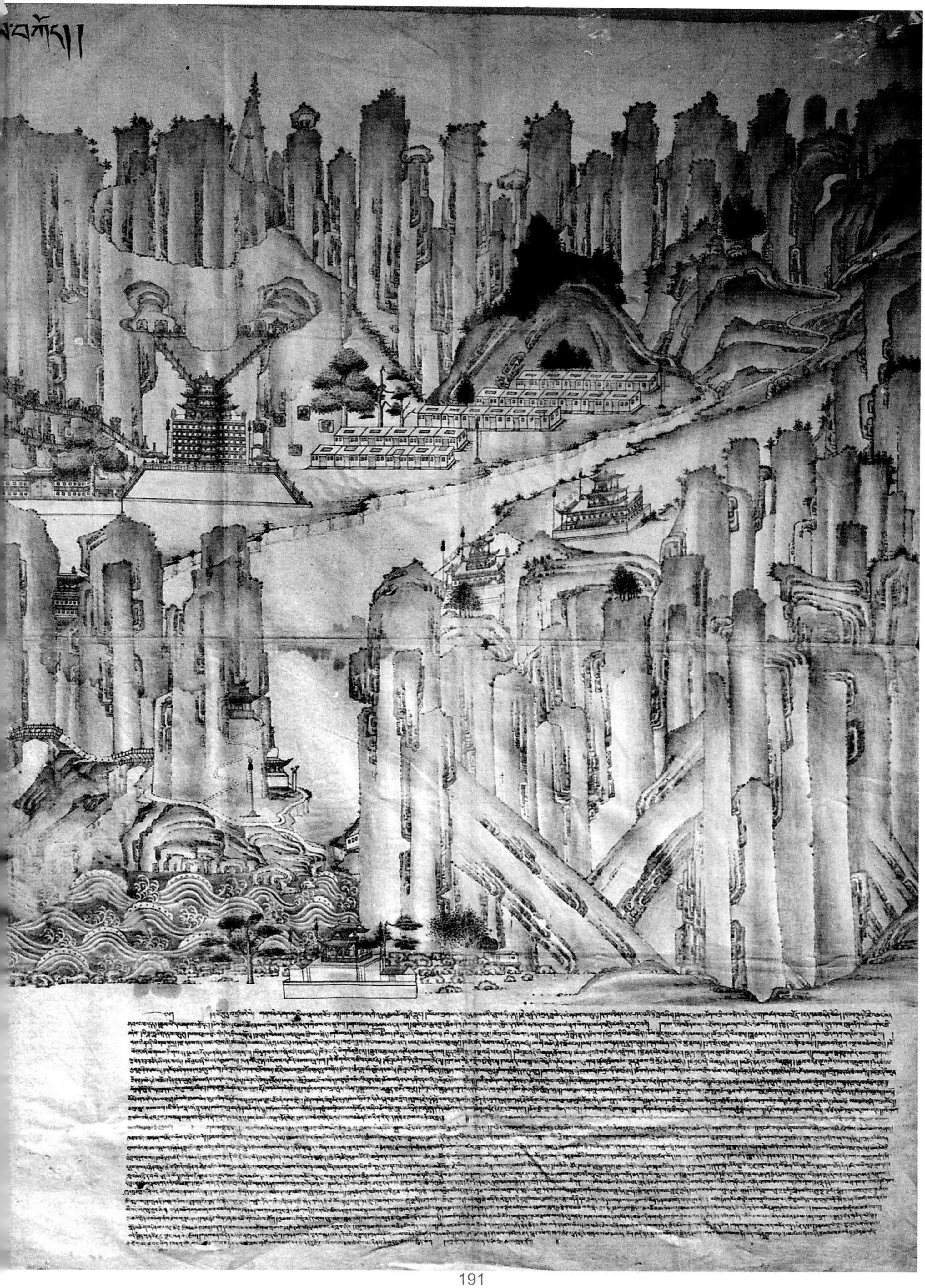
བཀོད།།

图书在版编目（CIP）数据

炳灵寺 / 甘肃炳灵寺文物保护研究所编. -- 南京：江苏凤凰美术出版社，2015.6（2025.6重印）
（中国石窟艺术）
ISBN 978-7-5344-9150-4

Ⅰ. ①炳… Ⅱ. ①甘… Ⅲ. ①炳灵寺石窟 - 介绍
Ⅳ. ①K879.26

中国版本图书馆CIP数据核字（2015）第108491号

责任编辑 毛晓剑
郭 渊
龚 婷
项目协力 程继贤
装帧设计 毛晓剑
责任校对 陆鸿雁
责任监印 生 媛
责任设计编辑 刘秋文

书 名 炳灵寺
编 者 甘肃炳灵寺文物保护研究所
出版发行 江苏凤凰美术出版社（南京市湖南路1号 邮编210009）
制 版 南京新华丰制版有限公司
印 刷 南京爱德印刷有限公司
开 本 889mm×1194mm 1/16
印 张 12
版 次 2015年6月第1版
印 次 2025年6月第8次印刷
标准书号 ISBN 978-7-5344-9150-4
定 价 320.00元

营销部电话 025-68155675 营销部地址 南京市湖南路1号